大家小书

鲁迅批判

李长之 著

北京出版集团公司
北 京 出 版 社

图书在版编目（CIP）数据

鲁迅批判 / 李长之著. — 北京 : 北京出版社，2017. 10

（大家小书）

ISBN 978-7-200-12276-3

Ⅰ. ①鲁… Ⅱ. ①李… Ⅲ. ①鲁迅研究②鲁迅著作研究 Ⅳ. ①K825.6②I210.97

中国版本图书馆CIP数据核字（2016）第160170号

总策划：安　东　高立志　　责任编辑：秦　裕

· 大家小书 ·

鲁迅批判

LU XUN PIPAN

李长之　著

*

北京出版集团公司
北京出版社　出版

（北京北三环中路6号　邮政编码：100120）

网　址：www.bph.com.cn

北京出版集团公司总发行

新华书店经销

北京华联印刷有限公司印刷

*

880毫米×1230毫米　32开本　8.375印张　133千字

2017年10月第1版　2018年5月第2次印刷

ISBN 978-7-200-12276-3

定价：39.80元

如有印装质量问题，由本社负责调换

质量监督电话：010-58572393

序　言

袁行霈

“大家小书”，是一个很俏皮的名称。此所谓“大家”，包括两方面的含义：一、书的作者是大家；二、书是写给大家看的，是大家的读物。所谓“小书”者，只是就其篇幅而言，篇幅显得小一些罢了。若论学术性则不但不轻，有些倒是相当重。其实，篇幅大小也是相对的，一部书十万字，在今天的印刷条件下，似乎算小书，若在老子、孔子的时代，又何尝就小呢？

编辑这套丛书，有一个用意就是节省读者的时间，让读者在较短的时间内获得较多的知识。在信息爆炸的时代，人们要学的东西太多了。补习，遂成为经常的需要。如果不善于补习，东抓一把，西抓一把，今天补这，明天补那，效果未必很好。如果把读书当成吃补药，还会失去读书时应有的那份从容和快乐。这套丛书每本的篇幅都小，读者即使细细地阅读慢慢地体味，也花不了多少时间，可以充分享受读书的乐趣。如果把它们当成补药来吃也行，剂量小，吃起来方便，消化起来也容易。

我们还有一个用意，就是想做一点文化积累的工作。把那些经过时间考验的、读者认同的著作，搜集到一起印刷出版，使之不至于泯没。有些书曾经畅销一时，但现在已经不容易得到；有些书当时或许没有引起很多人注意，但时间证明它们价值不菲。这两类书都需要挖掘出来，让它们重现光芒。科技类的图书偏重实用，一过时就不会有太多读者了，除了研究科技史的人还要用到之外。人文科学则不然，有许多书是常读常新的。然而，这套丛书也不都是旧书的重版，我们也想请一些著名的学者新写一些学术性和普及性兼备的小书，以满足读者日益增长的需求。

“大家小书”的开本不大，读者可以揣进衣兜里，随时随地掏出来读上几页。在路边等人的时候，在排队买戏票的时候，在车上、在公园里，都可以读。这样的读者多了，会为社会增添一些文化的色彩和学习的气氛，岂不是一件好事吗？

“大家小书”出版在即，出版社同志命我撰序说明原委。既然这套丛书标示书之小，序言当然也应以短小为宜。该说的都说了，就此搁笔吧。

李长之《鲁迅批判》再版题记

于天池　李　书

李长之的《鲁迅批判》是一部不足十万字的小册子，但在鲁迅研究史上却是赫赫有名的传世之作。

它是鲁迅研究史上第一部成体系的专著，是唯一经过鲁迅披阅的批评鲁迅的专著，也是迄今在研究鲁迅的学术领域中引文率最高的专著。

与作者坎坷的人生经历一样，《鲁迅批判》也经历了艰辛屈辱。在国民党统治大陆的岁月，它被视为“左”派读物予以排斥；在日伪统治时期，它被列为禁书查封；新中国成立伊始，它被人深文周纳地暗示为“某一时间，某一地区，某一部分人”的观点。1957年之后，随着作者被划为右派，它更成为黑书被封存于图书馆。“文化大革命”中，一工宣队队员指着李长之的鼻子说：“是你写的《鲁迅批判》吗？鲁迅是可以批判的吗？就冲着‘批判’，你就罪该万死！”随着改革开放和文艺界春天的到来，《鲁迅批判》渐次抹去尘封，恢复了它在学术界应有的地位，而作者李长之却早已在1978年作古。

老实说，《鲁迅批判》并不是李长之的成熟作品，甚至不是很成功的作品。就李长之的批评著作而言，它不如《司马迁之人格与风格》沉潜成熟，体大思精；就对于鲁迅的认识评论而言，它也不如作者后来写的《文学史家的鲁迅》等作品凝练深刻，学识渊深。对于《鲁迅批判》，李长之自己也不甚满意，早在《鲁迅批判》1943年发行第三版时，他就表示要“另写一部鲁迅再批判”（《鲁迅批判》“三版题记”，1943年，东方书社）。1950年李长之在《鲁迅批判的自我批判》一文中，又一次表示“对于本书，愿意重写”的愿望。站在21世纪的今天，回首观照《鲁迅批判》，它不如人意的地方的确不少，它毕竟是李长之25岁尚未从清华大学毕业时的作品：资料的采集、理论和学识的积累、观点的推敲、文意的表述，都有可以进一步完善的余地，而且，根据《鲁迅批判》的后记，称它为急就章似乎也不太为过。

但为什么在作者不甚满意，在大半个世纪的鲁迅研究史上饱受磨难的情况下，《鲁迅批判》依然拥有广大的读者呢？

这不能不归之于《鲁迅批判》一书特有的魅力和特有的价值。具体说来，它有不可替代、不可抹杀、卓然独立的三个方面。

所谓不可替代，是《鲁迅批判》表达的是亲历五四运动的文学青年对于鲁迅的感受。

李长之生于1910年，比鲁迅小29岁，五四运动爆发时他刚刚9岁。按照常理，在小学读书的他本不应该有什么深切的感受，可是他是一个早熟的文学少年。加上他的班主任王世栋热心提倡新文化运动，此时期他对于胡适、陈独秀、鲁迅已不陌生。他也很早就开始阅读鲁迅的作品，他读《呐喊》是在1923年，13岁，刚上中学。“当时青年受鲁迅的影响实在深，”李长之回忆说，“我记得，有位姓郭的朋友，因为读鲁迅的文章，而感到社会的不满太多了，曾主张过要提倡‘怒的文学’，终至于在一个期间作了精神病患者。还有位姓沈的朋友，性子是和平些的，但对社会也仿佛感慨甚深，一遇见事情，每每有他锐利的冷然的观察，这结果就使各处对他也不满起来了，他赚下的，乃是‘苦闷’和‘牢骚’。根源呢，是因为他常读鲁迅的杂感。这都是中学卒业前后的事，大家不过是十六七岁的孩子。”李长之当然“也是其中的一个”。他说：“我受影响顶大的，古人是孟轲，我爱他浓烈的情感，高亢爽朗的精神；欧洲人是歌德，我羡慕他丰盛的生命力；现代人便是鲁迅了，我敬的，是他的对人对事之不妥协。不知不觉，就把他们的意见，变作了自己的意见了。”“不但思想，就是文字，有时也有意无意间有着鲁迅的影子”（《鲁迅批判》“后记”，1935年北新书局出版）。李长之是在新文化运动导引下踏上文学道路的，私淑的导师之一就是鲁迅。他对于新文化运动，对于新文化运动的巨匠鲁迅之认识自是具有特殊的感受。

在《鲁迅批判》中，李长之固然是站在批评家的立场上来评论鲁迅的，但更确切地说，他是站在“养育于‘五四’以来新文化教育中的青年”的立场上对鲁迅进行评论的。他有其独特的视角、倾注的重心、激扬的文采，他把鲁迅纳入新文化运动中去审视，尤重鲁迅之于青年的期望和青年对于鲁迅的崇敬。他一则说：“生存这观念，使他的精神永远反抗着，使他对于青年永远同情着，又过分的原宥着，这也就是他换得青年的爱戴的根由。在生活上，我们有时麻木，或者妥协，拯救了我们的，就是鲁迅的那枝笔。”“科学的精神，却永远没离开他过，而且那辐射着的光芒，也无时不从他的小说，尤其是他的杂感里，而到达读他的作品的为他所鼓舞着的青年人的心。”再则说：“因为鲁迅在情感上的病态，使青年人以为社会、文化、国家过于坏，这当然是坏的，然而使青年锐敏，从而对社会、世事、人情，格外关切起来，这是他的贡献。因为鲁迅在理智上的健康，使青年人能够反抗，能够前进，能够不妥协，这是好的。同时，一偏的，不深于思索的习惯之养成，却不能不说是坏的。”“他在战士方面，是成了一个国民性的监督人，青年人的益友，新文化运动的保护者了，这是我们每一思念及我们的时代，所不能忘却的！”他对于鲁迅，对于新文化运动爱得深，故也看得真切、透辟，并有着青年人判断特有的冲击力。他评价鲁迅创作的意义是：“从此，新文化运动便有了最猛勇的战士，最妥实的保护人，中国国民也有了最严厉的监督，青年则有了不妥协，不退缩的榜样，而新文艺开了初期的最光彩的花。这重要不止在鲁迅，而且在中国！”那是他真切的感受，并道出了鲁迅价值的真谛。

我们常讲文学批评是有时代性的，“文变染乎世情，兴废系乎时序”；同时我们说批评也是有阶层意识的，就是说不同教养、年龄、文化背景下的人对于同一事物的批评会千差万别。李长之的《鲁迅批判》所提供的不仅是同时代人对鲁迅的批评，更重要的是提供了“养育于‘五四’以来新文化教育中的青年”的批评，它新鲜、锐敏、富于朝气。

鲁迅是中国文化史上的伟人，是永恒的；但他又是五四新文化运动中的巨匠，具有鲜明的时代特色，在不同的文化历史背景下，读者的解读和观照会因时空的推移而有所进展或迁移。从这个意义上，在鲁迅批评史的长河中，代表着鲁迅同时代的，“养育于‘五四’以来新文化教育中的青年”的批评所具有的真实和切近，就具有不可替代性。

所谓不可抹杀，是指《鲁迅批判》受德国文艺理论影响，采用精神分析方法辨析鲁迅之思想性格，并由精神人格进而解读其作品的评论体系。

相对于当时大多数人采用的社会学批评方法而言——这也是整个20世纪以来鲁迅学研究的主流方法，李长之在《鲁迅批判》中采用的精神分析方法，无疑具有新颖性、叛逆性。研究方法与文化观念是相联系的。如果说，在中国传统文化背景下，可以容忍精神医生的诊断无避忌的话，那么，对于评论家之于人的精神人格无顾忌的解剖，容忍度就有限得多。因为中国社会太习惯于用忠奸善恶这类社会学字眼去进行评判，太习惯于笼统模糊，太习惯于绝对，太习惯于舆论一律，尤其是当对象是社会名流的时候就更是如此，更难以容忍用病理生理式的剖析去对待。

在精神分析的导引下，李长之认为鲁迅在情感上是病态的，在灵魂的深处“粗疏、枯燥、荒凉、黑暗、脆弱、多疑、善怒”，尽管这“无碍于他是一个永久的诗人和一个时代的战士”（《鲁迅批判》五　总结：诗人和战士的鲁迅——鲁迅之本质及其批评）。

他解释鲁迅善于写农村题材而不善于写城市题材的原因说：“他那性格上的坚韧，固执，多疑，文笔的凝练，老辣，简峭都似乎不宜于写都市。写农村，恰恰发挥了他那常觉得受奚落的哀感，寂寞和荒凉，不特会感染了他自己，也感染了所有的读者。同时，他自己的倔强，高傲，在愚蠢、卑怯的农民性之对照中，也无疑给人们以兴奋与鼓舞。都市生活却不同了，它是动乱的，脆弱的，方面极多，局面极大，然而松，匆促，不相连属，像使一个乡下人之眼花缭乱似的，使一个惯于写农民的灵魂的作家，也几乎不能措手。”（《鲁迅批判》四　鲁迅之杂感文）为什么鲁迅不能写长篇小说呢？他认为原因之一是“写小说得客观些，得各样的社会打进去，又非取一个冷然的观照的态度不行。长于写小说的人，往往在社会上是十分活动，十分适应，十分圆通的人，虽然他内心里须仍有一种倔强的哀感在。鲁迅不然，用我们用过的说法，他对于人生，是太迫切，太贴近了，他没有那么从容，他一不耐，就愤然而去了，或者躲起来，这都不便利于一个人写小说。宴会就加以拒绝，群集里就坐不久，这尤其不是小说家的风度”（《鲁迅批判》五　总结：诗人和战士的鲁迅——鲁迅之本质及其批评）。而鲁迅杂感之多，他认为则有精神方面的原因："在当代的文人中，恐怕再没有鲁迅那样留心各种报纸的了吧，这是从他的杂感中可以看出的，倘若我们想到这是不能在实生活里体验，因而不得不采取的一种补偿时，就可见是多么自然的事了！"（《鲁迅批判》五　总结：诗人和战士的鲁迅——鲁迅之本质及其批评）

他尤其善于把鲁迅的精神人格和作品中的人物进行比较，深入开掘，使鲁迅的人格精神和作品中的人物互相辉映阐发。他评《阿Q正传》时说："鲁迅那种冷冷的，漠不关心的，从容的笔，却是传达了他那最热烈，最愤慨，最激昂，而同情心到了极点的感情。阿Q已不是鲁迅所诅咒的人物了，阿Q反而是鲁迅最关切，最不放心，最为所焦灼，总之，是爱着的人物。别人给阿Q以奚落，别人给阿Q以荒凉，别人给阿Q以精神上的刺痛和创伤，可是鲁迅是抚爱着他的，虽然远远地。别人可以给阿Q以弃逐，可是鲁迅是要阿Q逃在自己的怀里的。阿Q自己也莫明其妙，荒凉而且悲哀，可是鲁迅是为他找着了安慰，找着了归宿；阿Q的聪明、才智、意志、情感、人格……是被压迫得一无所有了，有为之过问、关怀，而可怜见的么？没有的，除了鲁迅。阿Q还不安分，也有他生活上糊涂的幻想，有人了解，而且垂听，又加以斟酌的么？也没有的，除了鲁迅。"（《鲁迅批判》三　鲁迅作品之艺术的考察）他评《伤逝》则说：“无疑地，这篇托名为涓生的手记，就是作者的自己，因为，那个性，是明确的鲁迅的个性故。他一种多疑、孤傲、倔强和深文周纳的本色，表现于字里行间。在书中，涓生和子君刚刚同居，子君是‘和她的叔子，早经闹开，至于使他气愤到不再认她做侄女’了，而涓生，却也记道：‘我也陆续和几个自以为忠告，其实是替我胆怯，或者竟是嫉妒的朋友绝了交’（《彷徨》页一八五），看这末清楚，而至于刻画的地步，这是鲁迅！一种常感到奚落，讽嘲的压迫，也是鲁迅所特有的，在文中记叙常到通俗图书馆的情形道：‘好在我到那里去也并非为看书。另外时常还有几个人，多则十余人，都是单薄衣裳，正如我，各人看各人的书，作为取暖的口实。这于我尤为合适。道路上容易遇见熟人，得到轻蔑的一瞥，但此地却决无那样的横祸，因为他们是永远围在别的铁炉旁，或者靠在自家的白炉边的’（页一九七）。特别不能忘怀于别人的轻蔑，这是鲁迅！后来涓生愿意和子君别去，因为子君在生活上并不奋斗了，只给涓生以失望和痛苦，这时涓生又记道：‘我和她闲谈，故意地引起我们的往事，提到文艺，于是涉及外国的文人，文人的作品：《诺拉》，《海的女人》。称扬诺拉的果决……也还是去年在会馆的破屋里讲过的那些话，但现在已经变成空虚，从我的嘴传入自己的耳中，时时疑心有一个隐形的坏孩子，在背后恶意地刻毒地学舌’（页二〇一），在失望的忧虑中，有一种倔强之态，这是鲁迅！多末真切的一篇记录。”（《鲁迅批判》三　鲁迅作品之艺术的考察）

这些分析，在长于或习惯于用社会学批评鲁迅的研究学界不啻有些旁门左道，特别是那些有碍于鲁迅伟人形象的字眼更是刺人眼目。

不能说李长之的精神分析方法是评论鲁迅最为高明的方法，也不能说他运用得就一无瑕疵，像他认为鲁迅初期的小说“抒情的成分很大，似乎是当时由于他的寂寞之感作用他吧”（《鲁迅批判》二　鲁迅之生活及其精神进展上的几个阶段）就显然失之于简率。然而，你不能不承认这种研究方法打破了传统研究方法的板结，是有益的尝试，而且，那意义不仅仅是对于鲁迅的研究。

所谓卓然独立，是指《鲁迅批判》不因鲁迅是新文化运动的巨匠而虚美，也不因热爱鲁迅而饰非，本着求真的目的，是其所是，非其所非，保有着批评家可贵的风骨。

李长之在文艺批评上非常讲究批评精神，他说：“文艺批评最要紧的是批评精神。”“批评是反奴性的。凡是屈服于权威，屈服于时代，屈服于欲望（例如虚荣和金钱），屈服于舆论，屈服于传说，屈服于多数，屈服于偏见成见（不论是得自他人，或自己创造），这都是奴性，这都是反批评的。千篇一律的文章，应景的文章，其中决不能有批评精神。批评是从理性来的，理性高于一切，所以真正批评家，大都无所顾忌，无所屈服，理性之是者是之，理性之非者非之。”“批评需要分析，不但好坏分明，就是好之中的坏，坏之中的好，也要分明……严羽说‘吾论诗若哪吒太子，析骨还父，析肉还母’，这是批评家的真精神。”（《批评精神》，南方印书馆1942年出版）

李长之在《鲁迅批判》中也是这么做的：“尽力之所能，写出我一点自信的负责的观察，像科学上的研究似的，报告一个求真的结果而已。”“因为求真，我在任何时都没有顾忌，说好是真说好，说坏是真说坏。”（《鲁迅批判》“三版题记”）

他评论鲁迅的作品，特别单列了一节指出“鲁迅在文艺创作上的失败之作”。明确指出哪些是好的，为什么好；哪些是不成功的，为什么不成功。既不是全盘肯定，也不是全盘否定。

他认为在《呐喊》和《彷徨》中，《孔乙己》、《风波》、《故乡》、《阿Q正传》、《社戏》、《祝福》、《伤逝》和《离婚》“有永久的价值”，即使“在任何国外的大作家群里，也可以毫无愧色”，因为它们“都是完整的艺术”。而《头发的故事》《一件小事》《端午节》《在酒楼上》《肥皂》《兄弟》“写得特别坏”，原因则或是“故事太简单”，或是“独白而落于单调”，而根本原因是鲁迅“不宜于写都市”（《鲁迅批判》三　鲁迅作品之艺术的考察）。

对于鲁迅的杂文，他分析说：“他的杂感文的长处，是在常有所激动，思想常快而有趣，比喻每随手即来，话往往比常人深一层，又多是因小见大，随路攻击，加之以清晰的记忆，寂寞的哀感，浓烈的热情，所以文章就越发可爱了。有时他的杂感文却也失败，其原故之一，就是因为他执笔于情感太盛之际，遂一无含蓄。”“太生气了，便破坏了文字的美。”（《鲁迅批判》四　鲁迅之杂感文）

从哲学思辨的标准出发，他认为“鲁迅不是思想家。因为他是没有深邃的哲学脑筋，他所盘桓于心目中的，并没有幽远的问题。他似乎没有那样的趣味，以及那样的能力”；“倘若以专门的学究气的思想论，他根底上，是一个虚无主义者，他常说不能确知道对不对，对于正路如何走，他也有些渺茫”。“他的思想是一偏的，他往往只迸发他当前所要攻击的一方面，所以没有建设。即如对于国故的见解，便可算是一个例”。“他缺少一种组织的能力，这是他不能写长篇小说的第二个原故，因为长篇小说得有结构，同时也是他在思想上没有建立的原故，因为大的思想得有体系。系统的论文，是为他所难能的，方便的是杂感”。（《鲁迅批判》五　总结：诗人和战士的鲁迅——鲁迅之本质及其批评）

抛撇这些观点的是非正误不谈，李长之在这里显露的正是他一贯倡导并实践着的可贵的批评精神：不虚美，不隐恶，不因批评对象的权威或利害而扭曲批评的风骨。

本来，对于作品文学价值的判断，对于作家气质能力的判断，见仁见智，在文学批评史上是司空见惯浑常事。但在功利的、非学术的批评方法甚嚣尘上的氛围中，李长之的观点不再被当作学术上的问题平心讨论，而是由视为惊世骇俗，衍变为离经叛道，直至作出大逆不道的宣判。长期以来对于李长之的批判，对于《鲁迅批判》的封杀，已经不是简单的针对某些观点的拨乱纠谬，而是变成对于批评家独立人格的剥夺，对于独立批评精神的践踏。《鲁迅批判》的不幸在此，然其可珍视之处也在此。

《鲁迅批判》的价值和魅力当然不仅只是这三个方面，但有此三个方面，也就极其难能可贵了。

《鲁迅批判》虽是一个小册子，但由于影响大，似乎很有些文坛晴雨表的模样。李长之是在1978年年底去世的，此前两年，“四人帮”已经被粉碎，一个新的时代的曙光已经在地平线上显露。某出版社曾找到李长之接洽再版事宜，条件是将书名“批判”改为“评论”或“分析”之类云云。李长之坚持不改，他不无苍凉地说：“批判其实就是分析评论的意思。我为《鲁迅批判》遭了一辈子罪，不改，不出，也罢！”书虽然没有出成，但用得着俄国诗人的话：“冬天已经过去，春天还会远吗？”今年，2002年，《鲁迅批判》终于拨开尘封，由北京出版社正式再版了。李长之重写的意愿，由于斯人已逝，无法实现，给今人留下了无尽的遗憾，可他期待别人“系统的批评鲁迅的书”的出现，在改革开放、万象回春的今天，大概可以跂予望之吧！

附记：《鲁迅批判》此次重版，用的底本是第三版，参以初版。第三版出版于1943年，地点是四川成都，正是抗战维艰之时，纸张粗糙，排印得也鲁鱼亥豕不少，再加上鲁迅著作引文用的是20世纪30年代的单行本，这都给重版带来不少的困难。幸亏责任编辑陈金华女士细心负责，找来新版的《鲁迅全集》逐字核校，才避免了许多难以避免的舛误。但是，为了保持原作的风貌，这次重版除去按照出版规范作一些必要的技术处理外，像“什么”和“什末”之间的斟酌去取等，尽量维持原文；译名也仅出小注附以今名；引文虽然以《鲁迅全集》校核，但仍按照《鲁迅批判》原文所引注的单行本页码标引。另外，根据责任编辑陈金华女士的提议，在目录前刊印了《鲁迅批判》初版时的封面。——其中鲁迅的照片是鲁迅特意为《鲁迅批判》的出版寄赠李长之的。陈金华女士的努力使再版的《鲁迅批判》生色不少，此处一并致谢。

2002年9月1日

《鲁迅批判》初版封面

目　录

三版题记

本书的写成是在二十四年，初版是在二十五年。[①]初版后不到一年，鲁迅先生就逝世了。

鲁迅先生是看见过付印之前的稿样的，他很帮忙，曾经订正过其中的著作时日，并曾寄赠过一张近照。那张照片的大小是像明信片样的，从背面看，见出是自一张硬纸上揭下的，我曾让书局照了原来的大小，印在书面上。

现在计算完稿之时，已经七八年了，照理讲，应该有一些修订。而且，照“世故”的看法，在人的生前，是不容易作定论的，因为在人的生前，怕有所得罪，不免作一些违心之论的恭维；在人死后，就比较地可以坦率了。然而在我没有感觉

① “二十四年”“二十五年”，分别是民国二十四年、民国二十五年，也即1935年和1936年。后同。——编者注

这种必要。我在本书初版时的序上就说过："我的用意是简单的，只在尽力之所能，写出我一点自信的负责的观察，像科学上的研究似的，报告一个求真的结果而已，我信这是批评者的惟一的态度。"这态度，我一直没有变。因为求真，我在任何时候都没有顾忌，说好是真说好，说坏是真说坏，所以事后既不会反悔，人死也不会让我的论断变更。我向来是最讨厌橡皮的，错就是错了，何必再擦掉？因此，这回的重印《鲁迅批判》，也仍然一字不改。我觉得惟一遗憾的，只是我在书中提到了鲁迅生命之将近结束，不幸成了谶语。

原先倒是打算找一部《鲁迅全集》来，好把引用的页数一律改注为全集本，可是现在那书价是太可观，有一家书店竟索价七千元，实在让我不敢问津；我也知道有的人收藏着这样的书，可是大都自己不看，也不出借，恪遵藏书是为束之高阁而不是为用的那遗法，我也只好再不敢妄想了。

另外是，我原想把原书扩大，后来却终于想到这将失掉了原来的面目，不如将来另写一部《鲁迅再批判》吧。我打算一有兴致时就动笔。

本书出版后，在国内没有什么大反响，这是料到的。因为我对于鲁迅的好坏都提到，这便使只觉得好（好成一个偶像）或者只觉得坏（坏到死后还有余辜）的人所失望的。注意这部书的倒是我们的敌人，在出版不久，日本的《中国文学研究》上，有大半本的篇幅是介绍这部书，每一章节都有提要，连后记中所说根据宏保耳特的方法论处也没遗漏，——或者是因为敌人太笨之故了吧。北平沦陷后，有一个杂志上曾发表过敌人所查禁的书单，这书却也即是其中之一。

本书原由北新出版，但一出世，我就发觉了书店老板所加给的戕害了。第一是我原先说定书皮上的鲁迅相片在书内也印一张的，可是他没有印，书的目次上却只留有一个“鲁迅先生近影”的空头支票。我本说相片制版后就寄还的，但后来也并无下落。第二是我曾把鲁迅给我的信的一张寄给书局，也想制版，所以目次上也有一条是“鲁迅先生手迹”，结果手迹也不见，又留下一个空头支票，——原信也一并不见踪影了。至于书出版后，所给的版税就更苛了，只给了五十几元，只算过一次，以后再没算过。但是我也有一点满意的，就是书的封面是依了我的设计，书中的页数，是依我的提议，注在下方，这像德国书，我是爱德国书的。

这书出版的次年，我经过香港，书店里摆着的已经是二版。这就是我现在所谓三版的根据。到了内地来，起初还在昆明和成都偶而看见几本，后来也转眼不见了。现在我根据了作为三版付印的，乃是我小弟弟在旧书摊上费了超过原书双倍的价钱（那时书籍还无所谓加价）给买下的，书脊已经破烂了。我自己又保存了好几年，我几次看见有的杂志（如《七月》）上征求此书，我便装没听见，因为我自己止此一本，确有点吝惜了。

虽然经过了七八年的时光，但我对于系统的批评鲁迅的书的期待，却终于让我很失望。有些册子，都是纂辑别人的，有些册子，就似乎只像炒陈饭一样，只是一种排比鲁迅原文的工作，因此，我便更鼓了勇气，把这小书重排付印出来了。但愿这次出版不久，就有更好的批评可以代替它。

三十二年[1]三月三日长之记于成都旅次

① 即民国三十二年，1943年。——编者注

序

这篇文章之要写，已是去年春天的事了。当时中国的作家论还不盛行，书局或杂志的编辑也还没以这为轰动读者耳目的号召，我忽然打算就中国几个在青年的印象上顶深的作家，一一加以批评起来，其中当然有鲁迅。我的用意是简单的，只在尽力之所能，写出我一点自信的负责的观察，像科学上的研究似的，报告一个求真的结果而已，我信这是批评者的惟一的态度。可是并没能如愿。这，一则是，我首先写出的，乃是一篇关于茅盾的文章，而关于茅盾的那篇文章，却颇使我扫兴。原先是在我对于《文学季刊》还有兴致时动笔的，可是草就的时候，就逢巧巴金先生自发表了批评文字可以包花生米的论调以后，便妄测我在报上有文字攻击他了，终日疑神疑鬼，并唆使他的一群神经过敏而又热诚的朋友们来以明枪暗箭相压迫了，间接的则有那批仰承小刊物编辑的鼻息的稿匠，以为骂我的稿子是容易登的，于是也以我作了开心的目标。可是那举动总是嗡嗡的，像蚊虫，并不大，而且只志在给人以不舒服，所以我没大理会。可是这余波继续地扩张下去，到现在还没有完，——虽然力量是更小了。话要说回去，在当时那种空气中，我是不愿意在人所不欢迎的刊物上发表东西的，我虽然写出东西愿意给人看，然而我不能因此觍然地委屈我的人格，所以我就把稿件追回来了，对于《文学季刊》也索性躲开。后来因为《现代》杂志索稿，便寄往《现代》了，刚要登，杂志是倒了，又据说我的稿子被扣，真假不知道，总之，是三问两问，越发渺茫了。四万多字的篇幅，三五夜的心血，只因为没钱雇人重抄，便自己再也见不到只字了。因为这，我懒得写类似的文章。同时，作家论的调子已经太滥，而且大抵是有作用的，照了我对热闹往往是远开的原则，就把兴趣移往别处了。现在再要写，却极其偶然，只是我借来的许多鲁迅的以及关于鲁迅的书，朋友要索回了，于是赶紧完成这件工作。说不定因此，又会把其余的作家，也陆续论一论呢。这无非是闲话。以闲话为序，序完。

二十四年三月十一日长之记

一　导言：鲁迅之思想性格与环境

（一）

环境没有影响，这句话我不信；正如环境有绝对的决定的力量我也不信然。可是环境以外还有什么力量是决定着的呢？这是我不容易马上叫出名目来的，虽然我仿佛依稀觉得。

反正事情是够奇异了的，我们看康德和歌德吧，还有高尔基。康德在他固陋的库恩希勃哥（Könjgsberg）城里，脚步没出过家门，经济是不充裕的，身体是被肺病和胃病侵蚀着，从作学生起到作教授止的所依靠的不过是藏书不满五万册的大学，在这里，哪一件是便利于产生一个大学者的？可是竟没限制了康德的产生。仿佛偏要产生康德。歌德吧，死于一八三二年，活了八十三岁的高龄，在他死的前一年，他完成了《浮士德》，他之到这个世界上来，就像专负了这个使命似的，使命完了，他才去了。至于高尔基，他一生里不知道有多少机会，都使他可以不走上文学的道路，他很可以作鞋匠，作看护，作工人，然而他不，仿佛终有他真正的归宿，所有前此的曲折迂回，不过是他的准备，却使他到了真正自己的工作时更方便些而已。

不错，他们反映着社会的要求；不错，他们的口和笔，是各时代里几千万人的心迹和呼声。然而，这使命为什么独独让他们担承了去？而且，为什么在他们之完成其使命上，环境就予以方便，不顺利也顺利起来？这秘密仿佛只隔一层纸。可是我不容易马上叫出名目。

在这种似乎神秘的意味之下，我们又见到鲁迅。他学过医，可是终于弄到文学上来了；他身从小康之家而坠入困顿，他生长于代表着中国一般的执拗的农民性的鲁镇，这似乎都是偶然的，然而这却在在影响了、形成了他的思想、性格和文艺作品。

他的思想是一种进化论的生物学的思想，这是毫无疑问的。这点思想的萌生，却以医学给他的帮助为最大。

他咒恨中国的医药，这是在他作品里时常见到的，显著的，更有以《药》作为题目的一篇小说，在《呐喊》的自序里也有着颇为详尽的自剖。人们是惯好把一点感触扩充下去的吧，因为咒恨中国的医药，他就咒恨中国的医药所盘踞的整个传统的封建文化的壁垒了，他于是学西医，然而同时他却是接受了整个的那代表着在西洋发达了的资本主义制度下的文明和思想了，他彻头彻尾是近代西洋科学精神下的一个信徒和传播者。

在这里是多末明显的对照呵：都市和农村，启蒙和蛮昧，资本主义文化和封建文化的对垒！在这种意义下，是代表了大部分的鲁迅的奋战的生活。他负荷着的是时代使命，他表现着的是时代精神！不过中国的社会是因为受外力而变动着的，这变动异常急遽而迅速，所以到现在为止，鲁迅已代表了另一种的意义的搏斗生活了。然而以他所占的时间的长短论，以他显示出来的成绩的大小论，以他前后的反抗的使命，在一种更深刻一些的社会演化的意义上，或者不是背驰而是联系论，我们却不妨采取举一而概其余的办法的，于是以他前期的奋斗作为整个的奋斗的总括。

从西洋医药而取得的科学思想的中心——进化论，如何而作用着鲁迅的一切讽刺、告诫和观感，这是随地可见的。人得要生存，这是他的基本观念。因为这，他才不能忘怀于人们的死。他见到的，感到的，甚或受到的，关于生命的压迫和伤害是太多了，他在血痕的悲伤之中，有时竟不能不装作麻痹起

《域外小说集》（1909年东京神田印刷所初版）

来，然而这仍是为生物所采取的一种适应的方策，也就是为生存。生存这观念，使他的精神永远反抗着，使他对于青年永远同情着，又过分的原宥着，这也就是他换得青年的爱戴的根由。在生活上，我们有时麻木，或者妥协，拯救了我们的，就是鲁迅的那枝笔。

鲁迅，不错，没作医生，在一九一〇年当的化学、生理学教员，照了鲁迅自己的说法，不久也“出走”。然而在我看，这点科学的精神，却永远没离开他过，而且那辐射着的光芒，也无时不从他的小说，尤其是他的杂感里，而到达读他的作品的为他所鼓舞着的青年人的心。

（二）

从小康之家而堕入困顿的，当然要受不少的奚落和讽嘲，这也是使鲁迅所受的印象特别深的。在他的作品里，几乎常常是这样的字了：奚落，嘲讽，或者是一片哄笑。我们一方面看出他自身的一种过分的神经质的惊恐，也就是在《狂人日记》里所谓的“迫害狂”，另一方面，我们却见他是如何同情于在奚落与讽嘲下受了伤害的人物的创痛；悲哀同愤恨，寂寞同倔强，冷观和热情，织就了他所有的艺术品的特色。

（三）

执拗的农民性，是鲁迅所特别了解深刻的所在。模糊，惮于改革，愚，和奴性，是鲁迅所刻画得最入骨的所在。他的故事，惯于以农村为背景，而且在他的故事中，也往往以农村为背景的为最出色，在《孔乙己》《明天》《风波》《社戏》《祝福》几篇里，都明明标出地点是鲁镇，那咸亨酒店的景况，似乎我们一闭眼就可以呈现出来。其他像《药》《阿Q正传》《白光》《长明灯》《离婚》，虽然没明白标出是鲁镇，然而依然在隐约之中，却还是同一地点的光景。这样成了一个使读者极其容易熟悉的氛围了，这氛围也就是鲁迅知之最深，攻击最烈，同情最大的氛围。

执拗的农民性，不但惮于改革，还给改革者以无穷的迫害。着实说，这却又不只鲁镇一个小地方的风光了，这乃是中国传统下来的一个整个局面的缩影。鲁迅的攻击，也仍是以资本主义下的思想和文明施向封建的农村社会的传统和习俗的攻击。

然而，那点执拗性，或者又可以叫韧性吧，在另一机会，是鲁迅所劝告于人的："世间有一种无赖精神，那要义就是韧性。听说'拳匪'乱后，天津的青皮，就是所谓无赖者，很跋扈，譬如给人搬一件行李，他就要两元，对他说这行李小，他说要两元，对他说道路近，他说要两元，对他说不要搬了，他说也仍然要两元。青皮固然不足为法的，而那韧性却大可以佩服。要求经济权也一样，有人说这事情太陈腐了，就答道要经

《海上述林》(1936年诸夏怀霜社初版)

济权；说是太卑鄙了，就答道要经济权；说是经济制度就要改变了，用不着再操心，也仍然答道要经济权。”（《坟》，页一六八《娜拉走后怎样》）这话是对妇女讲的，在鲁迅自己却的的确确采取着，也就是在这一方面他有了战士的资格。对于白话文的拥护，对于国故国粹的掊击，对于人必得要生存的人生观的坚持，对于“西滢”（即陈源教授）的笔战，件件是不放松的，只要入了他的笔尖，他不会忘却，也不会后悔，他惯于作持久战。

这种紧握而不轻易弃置的持久性是根深蒂固的一种来自农民的精神的赐予。

（四）

进化论的，生物学的，人得要生存的人生观，在奚落和讽嘲的刺戟下的感情，加上坚持的简直有些执拗的反抗性，这是鲁迅之所以为鲁迅的地方，环境把他的性格和思想的轮廓给绘就了，然而他自己，在环境里却找到他的出路了，负荷起了使命。无疑地他是中国文学史上划时代的期间的人物中最煊赫的一个代表者，他呼吸着时代的气息，他大踏着步向前走。他像高尔基一样，他的遭遇是完成了他的准备，前此的经历，几乎对他后来都留下一种颇可咀嚼的意义，这是多末奇异呢，然而我不能马上叫出名目。

二十四年四月二日

二　鲁迅之生活及其精神进展上的几个阶段

（一）

在高尔基六十岁生辰的时候，曾有一位德国的文人，纪念他说：高尔基是由生活到作品，又由作品到生活的。这话是对的，但我想这倒不限于高尔基，恐怕任何作家都不会例外；并且，打算了解一个作家的话，也只有顺了这条路子走。我们现在，即以鲁迅的生活，和他的作品，取作一个例证。

鲁迅，谁都知道是周树人先生的笔名，据他的《自叙传略》，是一八八一年（光绪七年辛巳）生，到现在（一九三五年），恰恰是五十四岁了。依了他的精神进展（Geistesentwicklung），我认为可以划分六个时期，每一时期，外在的环境都有一种非常的变更，他自己的生活上也都有一种特殊的意义和显然的影响。这是：

自一八八一年至一九一七年，就是他从一岁到三十六岁的时间，这是一个成长和准备的时期。这一个时期包括的大事件是不少的，有甲午之战（一八九四年），有戊戌变法（一八九八年），有庚子事件（一九〇〇年），终至于还有似乎总结这一切事情的辛亥革命（一九一一年），国外则有日俄的战争（一九〇三年）。鲁迅在这期间，熟悉了农村的生活，受到了科学的洗礼，拿定了以文艺改造国民性的志愿。这时期是他精神进展上的第一个阶段。

自一九一八年至一九二四年，他从三十七岁到四十三岁，是他实践了作“精神界战士”，开始向封建文化攻击的时期。这时期的开始，是他在《新青年》上发表了《狂人日记》，以及《热风》里头一部分杂感的时候。他的攻击，在这时还比较空洞，敌对的东西也多半不在身旁。但他已经抓住了国民性，不过终于比较后来是笼统的，不大具体。这时的大事件，国外是欧战，国内就是“五四运动”。这时期是他精神进展上的第二个阶段。

自一九二五年至一九二六年的八月底，到他四十五岁，时代背景是“五卅”，“三一八”，北方的军阀段祺瑞在北京还支持着残局，广州国民政府已经成立，鲁迅于一九二六年八月二十六日离开北京，把攻击《现代评论派》的工作，告一段落。这时期的开始，是女师大的校长事件。人情世故，作了鲁迅斗争的目标。所以这回是较为具体了，而且更切身些了。这是他精神进展上的第三个阶段。

自一九二六年的九月至一九二七年的九月，是他生活上感受了异常不安定与压迫的时期，他赴厦门，又赴广东，这种变动使他对人生的体验更深刻了；虽然使他沉默，然而在他是一个次一阶段的潜伏期，酝酿期。时代背景就是宁汉分裂，国民党党内实行一种清党运动。鲁迅在感情上当然异常激动，可是这时他的“爱的问题”也得到解决，所以他已是在有人抚爱之中，而慢慢度入他的次一个阶段的进展了，而这短短的一年乃是他精神进展上的第四个阶段。

自一九二七年的九月至一九三一年，他从四十六岁到五十岁，这是他精神进展上达于顶点的一个时期。他在一九二七年的九月回到上海，在“革命文学家”的笑骂和奚落中，他先以同样的态度回敬，终于慢慢地吸收了那种新的方向的理论，从理解和同情，他作了最忠实的一员。这一个时期，是表现他最健康，最有生气的时代。这时的大事，就是一九三〇年三月二日左翼作家联盟的成立。这是鲁迅精神进展上的第五个阶段。

自一九三一年到现在，鲁迅的精神进展，入了第六个阶段。他重又攻击国民性了，但是比前此所了解的更深刻些

《唐宋传奇集》(1927 年北京书局初版)

了，这是他从新的理论里而加以应用的时期，同时，他的反封建文化的使命，已更明显地表现为反帝国主义的抗争了，不过，他在有些地方已显出了困乏，现在却不知道这是一个衰歇的结束呢，还是一个更新的酝酿。这时的大事件，不用说，就是“九一八”和“一·二八”。国家之感激动他，这时时见于他这期的作品中。

在下面，我们将对于他每一个阶段，再试作一个详细的考察。

（二）

在鲁迅的早年，是中国外患甚深，而维新的空气颇浓的时代。他的家是在绍兴城里。据他的《自叙传略》，母亲姓鲁，是乡下人。在他小说中屡屡提及的鲁镇，恐怕就是他外祖家的地方，这是《社戏》一篇散文里已经告诉我们的。这个地方一定给鲁迅印象十分深，他说他每年跟了他的母亲住在外祖母的家里。看他自己的叙述：

> 那地方叫平桥村，是一个离海边不远，极偏僻的，临河的小村庄；住户不满三十家，都种田，打鱼，只有一家很小的杂货店……他们合村都同姓，是本家。（《呐喊》，页二四〇）

他既然常去，所以他从小对于农村就很熟悉了。他母亲虽是乡下人，却“以自修得到能够看书的能力”（《自叙传略》）。

父亲，不用说，更是读书的。

到了一八九四年，是甲午之战的那一年，也是兴中会起来的那一年，他家中起了一个很大的变故，这时他十三岁。他一无所有了，寄居在一个亲戚家，有时被人称为一个乞食者。他在《呐喊》序里所谓："有谁从小康人家而坠入困顿的么，我以为在这路途中，大概可以看见世人的真面目"，就是指的这个。我以为他后来在文字中时时流露的常像被奚落和排斥之感，就是这早年在情感上受了损伤的结果。

他决意不要寄居了，而回家，同时，他的父亲也患了重病。病了三年多（据《自叙传略》），就死了，这时他应该是十六七岁。这期间，照了《呐喊》的序文：

> 曾经常常，——几乎是每天，出入于质铺和药店里，年纪可是忘却了，总之是药店的柜台正和我一样高，质铺的是比我高一倍，我从一倍高的柜台外送上衣服或首饰去，在侮蔑里接了钱，再到一样高的柜台上给我久病的父亲去买药。

这里所谓"年纪可是忘却了"，并不是真的忘却，这由他的《自叙传略》可证，只是太伤心了，不愿意去回忆吧。他之痛恨中国旧的医药自此始。因为：

> 回家之后，又须忙别的事了，因为开方的医生是最有名的，以此所用的药引也奇特：冬天的芦根，经霜三年的甘蔗，蟋蟀要原对的，结子的平地木……多不是容易办到的东西。然而我的父亲终于日重一日的亡故了。

所以，他此后“渐渐悟得中医不过是一种有意的或无意的骗子”。这是他后来学西医的一个根由。此际正是康梁活动的时代。鲁迅十四岁的时候（一八九五年），康有为上书，次年梁启超创《时务报》，又次年，康有为请变法。一八九八年，鲁迅十七岁，就是有名的戊戌政变的那一年，同时，京师学堂也成立了，并且我们知道，在一八八七年，是鲁迅六岁的那一年，国家已经加算学一科取士了，所以这时是科学与维新的空气正在鼓荡的时代。

鲁迅十八岁，即一八九九年，到了南京。这时他没有入学的钱。只好入无需学费的学校去。幕友或商人，他又不肯做，虽然这倒是他们地方“衰落了的读书人家子弟所常走的两条路”。他的母亲没有法，为他筹了八元的川资，说是由他的自便吧，然而她就哭了。鲁迅到南京，先入的水师学堂，分在机关科。在《朝花夕拾》里，他有一篇《琐记》，说到第一个进去的学校，在光复后，似乎有一时称为雷电学堂，他说“可爱的是桅杆”，却又说把名字忘掉了，但从后文看来，他说“爬了几次桅，不消说不配作半个水兵”，可见就是在《自叙传略》里的水师学堂的。之后是考入矿路学堂，在水师学堂不过半年。矿路学堂的功课不同一点，不复是英文了，而是德文，中文则除了《左传》，还加上《小学集注》。在这校里，他接触了科学。即当时所谓“格致”，这时他的学校已经有了新党，《时务报》和《译学汇编》也已经在流行。鲁迅这时，还买了一本《天演论》，精神上有了新的粮食了。庚子这一年（一九〇〇年），他十九岁，大概正在矿路学堂读书。

矿路学堂毕业后，鲁迅是校中被派留日的五人之一。先在东京的预备学校，因为同情于被中医所骗的病人，又知道新的医学是日本维新的一个助力，于是入了乡间的仙台医学专门。在这里学了两年，给他印象甚深的，有解剖学教授藤野严九郎先生，是非常认真教学而不修边幅的人物，他后来在《朝花夕拾》里还有专文纪念他。一九〇三年，日俄战起，鲁迅这时二十二岁，我们有他这时寄往《浙江潮》发表的文字两篇，一是《斯巴达之魂》，一是《说钼》，分别载于《浙江潮》第五、八、九期上。现在收入《集外集》中。这是我们见的鲁迅最早的文字，看光景是翻译，他自认受了严又陵的影响。他之决意从事文艺运动，却是因为这期间用电影来说明微生物学时夹了些日俄战争的画片，其中竟“忽然会见我久违的许多中国人了”，那是：

> 一个绑在中间，许多站在左右，一样是强壮的体格，而显出麻木的精神。据解说，则绑着的是替俄国做了军事上的侦探，正要被日本军砍下头颅来示众，而围着的便是来赏鉴这示众的盛举的人们。（《呐喊》，序）

这一年，他就弃了学籍，跑回东京了，觉得医药并不急切，要着还在改变国民的精神，因此他要提倡文艺运动。纠合了三五个同志，要出杂志，定名为《新生》，但也竟没有成功。想往德国去，也失败了。

他说是二十九岁回的国，那末，是在一九一〇年。在此前，于一九〇七年作的文言论文，现在收到《坟》里的，还有四篇，便是：《人之历史》，《科学史教篇》，《文化偏至论》，和《摩罗诗力说》，这时他二十六岁。一九〇九年印行的《域外小说集》，其中有鲁迅的译文，是三篇，这时他二十八岁。他在国外，对于文学的涉猎，是注意被压迫的民族中的作者，兴趣在短篇。他在《我怎末做起小说来》一文里说：

> 因为所求的作品是叫喊和反抗，势必至于倾向于东欧，因此所看的俄国、波兰以及巴尔干诸小国作家的东西就特别多。也曾热心的搜求印度、埃及的作品，但是得不到。记得当时最爱看的作者，是俄国的果戈理（N. Gogol）和波兰的显克微支（H. Sienkiewicz）。日本的，是夏目漱石和森鸥外。（《南腔北调集》，页一一〇）

回国以后，办学校，先是在浙江杭州的两级师范学堂做化学和生理学教员。在孙福熙作的《我所见于〈示众〉者》文中，说："鲁迅先生是一个人道主义者，他想尽量的爱人，然而他受人欺侮，而且因为爱人而受人欺侮。倘若他不爱人，不给人以轻气瓶中混入空气燃烧时就要爆烈的智识，他不至于炸破手。"随后有一个注，说这是在两级师范学堂时的故事：

> 他在教室试验轻气的烧燃，因为忘记携带火柴了，故于出去时告学生勿动收好了的轻气瓶，以免混入空气，

在燃烧时炸裂。但是取火柴回来一点火，居然爆发了；等到手里的血溅满了白的西装硬袖和点名簿时，他发见前两行只留着空位；这里的学生，想来是趁他出去时放进空气之后移下去的，都避在后面了。（一九二五年五月，《京报》副刊）

这真是一个好对照。鲁迅的忠厚，却往往换来了人们的卑劣。

次年，他改就绍兴中学堂的教务长。一年又离开，没地方可去，便想在一家书店做编译员，但也被拒绝了。这时革命就起了，绍兴光复后，他做了师范学堂的校长。南京革命政府成立，他被教育部长招呼了去，做了部员。这时他三十一岁了。在《两地书》里，他说：

说起民元的事来，那时确是光明得多，当时我也在南京教育部，觉得中国将来很有希望。（页一九）

可以代表他那时的观感。

政府移入北京，他也还在教育部。此后就是他在会馆里住着，抄古碑的时期。他这时恐怕在异常的寂寞和无聊，他的古碑，抄是抄，但却明知道是“没有什末用”，也“没有什末意思”。这便是林语堂所谓的他的第一回蛰伏的时期，一直到他的老朋友钱玄同来催促他开手写小说。这就到了一九一八年的事了，他已经三十七岁。

在他这精神进展的第一个阶段里，因为他熟悉农村，所以后来才有那许多以鲁镇、咸亨酒店为背景的小说；因为他恨中国的医药，所以后来才扩大了而向那以旧医药为代表的封建文化猛烈攻击；他接受了科学，所以他确定了人得求生存的人生观；他被刺戟于国家之感，所以他愿意献身文艺以改造中国的国民性；他早年所受的奚落、侮蔑，是使他永远锐感着，而同情于被迫害的弱者了；他在日本电影里看到的被示众和鉴赏示众的同胞，是使他永远不能忘却那些模糊而残忍的群愚了，这里已经有了阿Q及其周围的人物的影子；他在会馆的寂寞和无聊，就又使他有一种似乎驱除不净的哀感，表现为类似《伤逝》之类的创作。所有这一切，在这时却只是感受、储蓄，并没有表现出来，所以我认为这是一个成长和准备期。

（三）

一九一八年的四月，鲁迅创作了《狂人日记》，发表在一九一八年五月十五号出版的四卷五期的《新青年》上，是鲁迅生活上极为重要的一个关键。他之作白话文字，自此始，他之用“鲁迅”作笔名，也自此始。仿佛源泉开了闸，此后乃是他一发而不可遏的创作时代了。从此，新文化运动便有了最猛勇的战士，最妥实的保护人，中国国民也有了最严厉的监督，青年则有了不妥协、不退缩的榜样，而新文艺上开了初期的最光彩的花。这重要不止在鲁迅，而且在中国！

开始怂恿他写文章的是钱玄同，这在他的《自叙传略》里已经提明。但在《呐喊》的序上，却标为金心异，据玉狼的《鲁迅的〈呐喊〉》一文（载一九二四年十月《时事新报》的“学灯”），则是袭用了林琴南的《蠡叟丛谈》的，大概这时他还不愿意以自己的真名和朋友的真名为世所知吧。

《新青年》的创办是在一九一五年，九月十五号出版了第一卷第一期。到鲁迅为他们写文章，已是四年了。《新青年》的编辑者是陈独秀，我们知道，是那时一位锐不可当的急进思想家，他之办《新青年》，表示着他最大的热诚和责任心。所以鲁迅说“他是催促我做小说最着力的一个”（《南腔北调集》，页一一一）。

如鲁迅自己所说，他之开始写小说，是抱着一种“启蒙主义”，以为必需“为人生”。然而我们看他写出来的东西，却仍是抒情的成分很大，似乎是当时由于他的寂寞之感作用他吧，使他没堕入浅薄的说教的典型里。

他不只写小说，还写诗，在发表《狂人日记》的同期《新青年》里就有他的三首新诗，这是《梦》，《爱之神》，和《桃花》。以后又作了些，却终于不多。

也是一九一八年开始，他在《新青年》上发表了一些讽刺的短评，却就是我们现在予一个统一的名称的杂感。现在是十余册了，超过了他写的其他任何体裁的文章的数量。这开首写的那些杂感，就收入在大家所熟悉的《热风》里。

一九一八年的次一年，是伟大的“五四运动”的一年。那情景，在鲁迅一九二五年所作的《热风》的题记里，还有一点小小的痕迹：

> 现在有谁经过西长安街一带的，总可看见几个衣履破碎的穷苦孩子叫卖报纸。记得三四年前，在他们身上偶而还剩有制服模样的残余；再早，就更体面，简直是童子军的拟态。
>
> 那是中华民国八年，即西历一九一九年，五月四日北京学生对于山东问题的示威运动以后，因为当时散传单的

是童子军，不知怎的竟惹了投机家的注意，童子军式的卖报孩子就出现了。

由投机家的仿拟，可见当时的声势是很大的。从这小小的记载里，还可以令人想像当时示威运动的情况的仿佛。

鲁迅的杂感，一如这时其他学者的言论，是这个运动的助成者。

示威，不是什么大不了的事，而且实际上也并没因此制止了敌人。然而，在文化上的意义，却是重大的。一种对于旧制度旧文明的弃绝之念是成熟了，同时一种空洞的新文化的向往的狂热燃烧起来。鲁迅，就是这一时期里一个最煊赫的代表者。

他在杂感里，向旧的攻击；他在小说里，也向旧的攻击。《狂人日记》，可说是向封建文化声讨的一个最有力量的檄文。同时，他夹杂了自己的寂寞的情感，便专作一些旧社会的暴露的文章了，这就是他收在《呐喊》里的大部分的小说。《呐喊》包括自一九一八年至一九二二年的短篇小说，是印行于一九二三年，同年他印行了俄国爱罗先珂作的童话剧《桃色的云》的译本，以及《中国小说史略》的上卷，这一年的前一年，则印述日本武者小路实笃的剧曲《一个青年的

武者小路实笃《一个青年的梦》(1927 年北新书局版)

梦》的翻译，和爱罗先珂童话集的译本。一九二一年，他出版了翻译的俄国阿尔志跋绥夫的中篇小说《工人绥惠略夫》，据他自己订的译著书目看，似乎是他出版的第一部书（见《三闲集》，页一九五）。出版《呐喊》之后，一九二四年，他印行

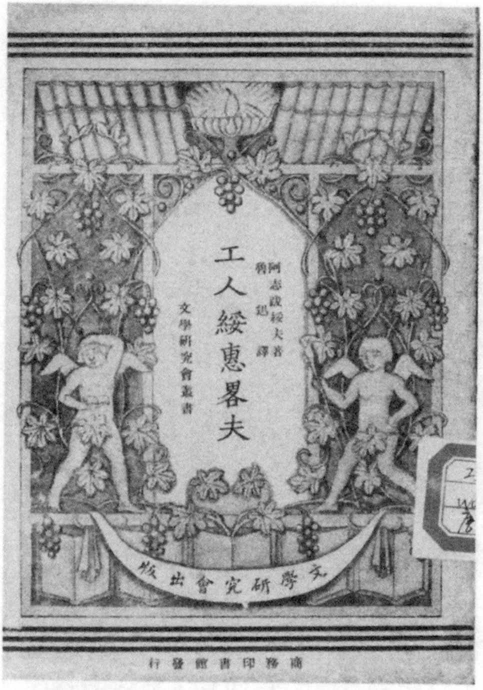

阿尔志跋绥夫《工人绥惠略夫》（1922 年商务印书馆初版）

了日本厨川白村作的论文《苦闷的象征》的译本，以及《中国小说史略》下卷，包括一九一八年至一九二四年的杂感集《热风》，则出版于一九二五年。这结束了他精神进展的第二个阶段。

《中国小说史略》(上、下，1923—1924 年新潮社初版)

(四)

他精神进展的第三个阶段，是始于一九二五年的春天女师大的风潮，而终于一九二六年的八月二十六日他的离开北京。

这时南北的空气已经很不同，在一九二四年开的国民党第一次全国代表大会，已经议决容共了，思想是那末新，北方却入了段祺瑞的“临时执政”的手掌。一九二五年，孙中山先生逝世，不久广东就立了国民政府。这一年的大事件，是上海的“五卅惨案”。不过我们很看得出来，似乎这些变动还没到能够使北方的民众特别兴奋的地步。反映在鲁迅的杂感中的，也就似乎淡淡的，还不如“三一八”给他的感印之大和深切。

这时触动他的，却是女师大的学潮，即由于校长杨荫榆而起的事件。据《两地书》里三月二十六日景宋给鲁迅的信，说“到开学以后，目睹拥杨的和杨本身的行径，实在不得不教人怒发冲冠，施以总攻击”（页一六），在四月十日景宋再给鲁迅的信，又说“风潮闹了数月”（页二八），可见这一年之开始，学潮就已经发生了。鲁迅之出来说话，就收在《华盖集》里的杂感看，最早的乃是五月二十一日写的《“碰壁”之后》，由女师大学潮而牵涉到陈西滢身上了，自此，他便费了不少的精力，用以攻击“现代评论派”的“正人君子”。

这时，他在教育部的佥事，为章士钊革了职。他便只剩下作北大、师大、女师大等校的国文系讲师的事情了。这一年的三月，他开始与景宋通信。景宋，名许广平，是女师大跟鲁迅上课的一个学生，从通信集看，是一个像男性的女子，她自己说是“刚率十二万分的人”（《两地书》，页四），“无日不被人斥为‘骄傲’与‘不恭’”（页九），“生来倔强，难与人同”（页十二），并且，“加以先人禀性豪直”，所以她“亦不免粗犷”（页十九），这样的女性与鲁迅来往，倒是再适合也没有的。他们同是反抗性很强的人，也同样关心社会的事物，柔弱和缠绵，是彼此所无的。他们也似乎都不醉心于纤巧的美。景宋是广东人，口才，笔力，和做事的本领，可说都有些，是鲁迅的一个好助手。

北京的出版界在此际也十分兴旺。刊物已有《猛进》，《现代评论》，和《语丝》，但鲁迅当时对这些刊物的批评并不好：

> 北京的印刷品现在虽然比先前多，但好的却少。《猛进》很勇，而论一时的政象的文字太多。《现代评论》的作者固然多是名人，看去却很显得灰色，《语丝》虽总想有反抗精神，而时时有疲劳的颜色……（《两地书》，页二一）

所以，他不久，就主编《莽原》。为的是“希望中国的青年站出来，对于中国的社会，文明，都毫无忌惮地加以批评”（《华盖集》题记）。不过“来说话的竟很少”。在报纸方面，有《晨报》副刊，有《京报》副刊，都是大家发表言论之地。《京报》副刊第一号，出版于一九二四年十二月五日，第三号（十二月七日）便开始有了鲁迅的译文，即是《出

《莽原》周刊

了象牙之塔》的片断。《京报》副刊的编辑者是孙伏园，原先他是编《晨报》副刊的，后来被现代评论派的人挤掉了，《晨报》副刊的编者就换了徐志摩，《语丝》的创立即是对《晨报》副刊而起的。这时的对立越发明显了：一方面有《语丝》和《京报》副刊，一方面却是《晨报》副刊和《现代评

《未名》第一卷第一期

论》。北新书局和未名社，也先后成立了。所以这时北京的出版界，不能不说是一个升腾活跃的时代。这都给鲁迅以方便，使鲁迅放送了他那些对于“人情世故”的攻击。

像在杂感方面，鲁迅此际的对象更具体些，更切近些，也就是《华盖集》题记里所谓“偏遇到”的“几件小事情”了。他在创作方面，也同样表现出更取材于现实的资料了，这是我们试一比较《呐喊》和《彷徨》的题目就可以十分了然的。在《呐喊》里，几乎只有《端午节》是写的都市的知识分子的生活，在《彷徨》里却就差不多除了《祝福》，《长明灯》，《离婚》之外，全都是都市生活的记录了。而且，实生活的压迫之苦，也特别出现于他的笔端了，《在酒楼上》的吕纬甫，是被实生活打击得“敷敷衍衍，模模胡胡”（页四二）了，《幸福的家庭》里的主人公也为经济压迫而文章的构思被破坏了（页六五），《孤独者》里的魏连殳则是明显地被记着生计十分不堪，“窘相时时显露”（页一六〇），《伤逝》的涓生就直然说“忍受着这生活压迫的痛苦”（页一九六），这都不像《呐喊》里那些创作只是回忆之海里的渣滓，仿佛与现实可以无关的了。以艺术论，他这些写现实生活的作品大抵没有写回忆中的农村的成功，不过他的取材之由远及近的趋向，却是显然的。这乃是他精神进展上的第三个阶段里的特色。

一九二六年的“三一八”事件，警醒了鲁迅对于私人的攻击，他渐渐放弃了这种较小的目标，他的情感强烈地惹动起来，他觉得更可痛恨的是另有所在了。他已没有作从容、幽默的杂感的余地，却只是“血债必须用同物偿还。拖欠得愈久，就要付更大的利息”（《华盖集续编》，页八八）！寥寥的几个字，多末浓烈的标语！这样，他结束了第三个阶段的精神进展了，于八月二十六日离开了可咒诅的北京。在一九二六年，国民党开了第二次全国代表大会。“三一八”之后，张吴合作，段祺瑞下野，而蒋介石先生在广东誓师北伐。鲁迅此际所印行的书籍，是在《彷徨》，《华盖集》，《华盖续集》之外，还有辑录的《小说旧闻钞》，以及选译的日本厨川白村的《出了象牙之塔》。

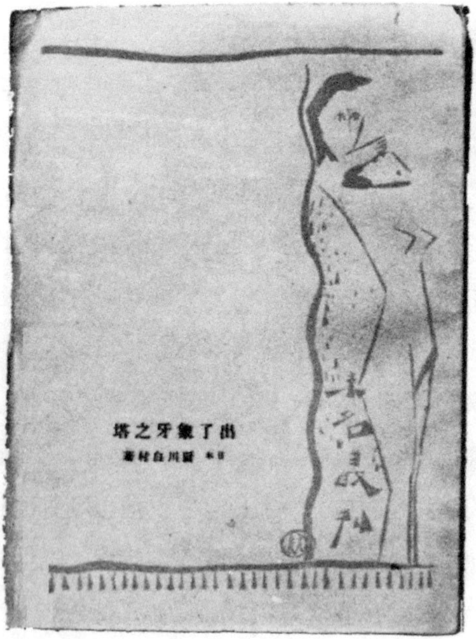

厨川白村《出了象牙之塔》（1925 年新潮社初版）

（五）

离开了十五年来所未曾离开的北京，这不能不说是鲁迅生活上很大的一个变迁。从一九二六年的八月二十六日，到次年的九月底，鲁迅几乎处于一种莫明其妙的困难之境，自然，是使他颇为懊恼的，然而这回不像在写《狂人日记》以前的时候所感到的寂寞和无聊了。倘若说上回是使他悲哀，这回乃是使他愤怒，上回的环境是空虚和寂静的压迫，这回乃是动乱与驳杂的刺戟了。

他离开北京以前，政府要通缉那所谓五十位过激教授，其中当然有鲁迅。许多人都离开了，鲁迅答复林语堂问的应付办法时，却是“装死”，因此林语堂认为这是鲁迅的第二回蛰伏的时期。不过并没有完全做到。他南下了，应了厦门大学的聘。

他大概和景宋一块从北京出发的吧，不过到上海后，鲁迅赴厦门，景宋便到了广东。鲁迅到厦门的日子是九月四号。到厦门以后，种种不随心的事都来了，首先是看到人物的不耐：

在国学院里的，朱山根是胡适之的信徒，另外还有两三个，好像都是朱荐的，和他大同小异而更浅薄，一到这里，孙伏园便要算可以谈谈的了。我真想不到天下何其浅薄者之多。他们面目倒漂亮的，而语言无味，夜间还要玩留声机，什末梅兰芳之类。（《两地书》，页八九）

我在这里不大高兴的原因，首先是在周围多是语言无味的人物，令我觉得无聊。他们倘肯让我独自躲在房里看书，倒也罢了，偏又常常寻上门来，给我小刺戟。（《两地书》，页一一七）

学校里则是一种挤轧的局面：

我看这是确的，这学校，就如一部《三国志演义》，你枪我剑，好看煞人。北京的学界在都市中挤轧，这里是在小岛挤轧，地点虽异，挤轧则同。（《两地书》，页一二九）

加之，他讨厌的“现代”派，还在眼前活动：

你看“现代”派下的小卒就这样阴鸷，无孔不入，真是可怕可厌。不过我想这实在难对付，譬如要我去和此辈周旋，就必须将别的事情放下，另用一番心机，本业抛荒，所得的成绩就很有限了。“现代”派学者之无不浅薄，即因为分心于此等下流事情之故也。（《两地书》，页一四六）

同时，又有高长虹的攻击，要推倒《莽原》，广销《狂飙》。这时他的感愤为何如！他开始对青年失望了，所以他说：

我想，我先前的种种不客气，大抵施之于同年辈或地位相同者，而对于青年，则必推让，或默然甘受损失。不料他们竟以为可欺，或纠缠，或奴役，或责骂，或诬蔑，得步进步，闹个不完。我常叹中国无“好事之徒”，所以什么事也没有人管，现在看来，做“好事之徒”实在也不大容易，我略管闲事，就弄得这么麻烦。现在是方针要改变了，地方也不寻，丛书也不编，文稿也不看，也不烧，回信也不写，关门大吉，自己看书，吸烟，睡觉。（《两地书》，页一九八）

后来他就对青年也攻击起来。这在他一定是十分痛心的事！他本来是想在厦门致力于学问的，可是学校只是省钱，并不能痛痛快快地为他印书，环境又那么不随心，在心情则这么不平静，所以他只有幻灭之感了。不错，在厦门也得到一部分青年的信仰，希望他办刊物，“和社会闹一通”（《两地书》，页一二〇）。而且，他之到厦门，就有为他而转学去的，他一走，便又有二十多个学生也走（《两地书》，页

《两地书》（1933 年青光书局初版）

二一二），不过，他终于不耐了，他说：

我前回辞国学院研究教授而又中止者，因怕兼士与玉堂觉得为难也，现在看来，总非坚决辞去不可，人亦何苦因为别人计，而自轻自贱至此哉！（《两地书》，页一一四）

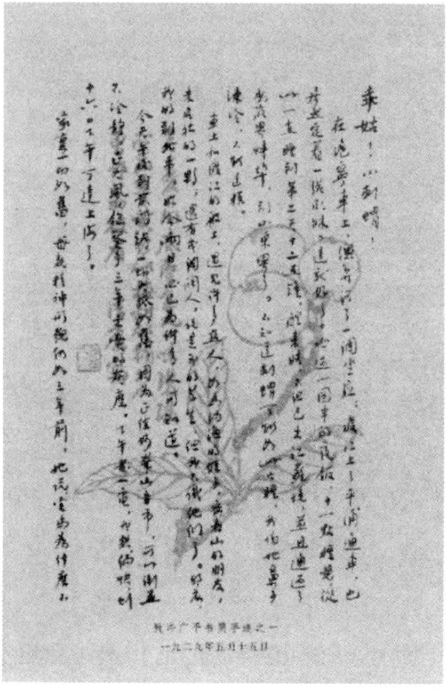

鲁迅致许广平书信手迹（1929年5月15日）

无怪景宋也说“我看你在那里实在勉强”了（《两地书》，页一三五）。

然而也就在这种情况之下，他和景宋的爱情，有了长足的进展，这是自然的，因为两人不在一起了，所以彼此越发系念起来。我们从他们的通信集里看，第一部分包括以一九二五年七月为止的，比较平淡的多。第二部分即是鲁迅在厦门，与景宋在广东的通信，就完全露出一对爱侣的关怀来，景宋在第一部分里讨论学潮文章的热心是为鲁迅之饮食起居的挂念所代替了，鲁迅此际的激忿、怨尤、不安，与焦急，却就恰恰有景宋为之解慰：

> ……不要太认真。况且你敢说天下就没有一个人是你的永久的同道么？有一个人，你就可以自慰了，可以由一个人而推及二三以至无穷了，那你又何必悲哀呢？如果一个人也“出乎意表之外”……也许是真的么？总之，现在是还有一个人在劝你，希望你容纳这意思的。（页一六六）

所以我认为只有在这个阶段之中，是有人在抚爱着，而使他慢慢地度入次一个阶段的精神进展里去。

在厦门的时候，他十分向往于南方的国民革命。鲁迅在《通讯集》里，差不多每次报告着北伐的军事消息，而他一则说“此地北伐顺利的消息也甚多，极快人意”（页八八），再则说“今天本地报上的消息很好……总而言之，即使要打折扣，情形很好总是真的”（页一一七），可以想见他那时的心情。

在一九二六年的十二月，国民政府已经都于武汉了，但是革命策源地的广东总在吸引他。不过他这时又有创作呢，教书呢，两歧的徘徊，因为他认为二者不能兼。

然而终于他应了广州中山大学的聘了，自然景宋也在劝诱。于是他于一九二七年一月十五日离开了厦门，于十八日到了广东，前前后后在厦门的时光却不过四个月。在这一次教训中，他说：“虽或受着各方面的斫刺，似乎已经没有创伤，或者不再觉得痛楚：即使加我罪案，也并不觉着一点沉重了。”（《华盖续集》，页二六二）可见他在几经打击之后，慢慢有一种脱卸之感，在这里，我们可以知道他转变的时机是已经不远了。

他到了广东以后，情景和自己起初所想的不十分相符起来。他本来还有“一个野心”，就是“到广州后，对于绅士们仍然加以打击，至多无非不能回北京。

第二是与创造社联合起来，造一条战线，再向旧社会进攻”（《两地书》，页一四九），可是他将要去的时候，情形已经是：

> 自郭沫若做官后，人皆说他左倾，有些人且目之为共党，这在广州也是排斥人的一个口头禅，与在北京无异。创造社中人的连翩而去，不知是否为了这原因。（《两地书》，页二一九，景宋一月五日与鲁迅信）

我们后来就可以知道，这便是有名的“清党”的序幕。一九二七年这一年，正是宁汉分裂的一年。不用说，鲁迅联合战线的梦想，是落空了。而且，即被他攻击的绅士们，也不少在这时成了要人。

可是如他在厦门一样，广东的青年异常欢迎他，为他写文章，请他写文章，要他演讲，又要他编刊物，情形非常热闹。他一到，是住在中山大学最中央而最高的处所，所谓大钟楼；其中老鼠是成群的，夜间就驰骋起来，到清晨则有工友们唱那他所听不懂的歌。白天他便接见当地的青年。在楼上住的第二月，他当了中山大学的教务主任，这种生活对他是太不适合了，他记这时候的情形，有这样的话：

……是忙碌的时期。学校大事，盖无过于补考与开课也，与别的一切学校同。于是点头开会，排时间表，发通知书，秘藏题目，分配卷子……于是又开会，讨论，计分，发榜。工友规矩，下午五点以后是不做工的，于是一个事务员请门房帮忙，连夜贴一丈多长的榜。但到第二天的早晨，就被撕掉了，于是又写榜。于是辩论：分类多寡的辩论；及格与否的辩论；教员有无私心的辩论；优待革命青年，优待的程度，我说已优，他说未优的辩论；补救落第，我说权不在我，他说在我，我说无法，他说有法的辩论；试题的难易，我说不难，他说太难的辩论；还有因为有族人在台湾，自己也可以算作台湾人，取得优待"被压迫民族"的特权与否的辩论；还有人本无名，所以无所谓冒名顶替的玄学底辩论……这样的一天一天的过去，而每夜是十多匹——或二十匹——老鼠的驰骋，早上是三位工友的响亮的歌声。（《三闲集》，页三二）

真有叫人哭笑不得的光景。照了鲁迅自己的说法，初到广东时，也未始没有"一点小康"，以为不至于像在北方所看见的压迫党人，扑杀青年，可是"后来才悟到这不过是奉旨革命的现象"（《三闲集》，页二一七），所以也就没有什么欢欣之感了。并且，局面也并不那末和平，他在《两地书》的序言里有一段回忆说：

> 五年前，国民党清党的时候，我在广州，常听到因为捕甲，从甲这里看见乙的信，于是捕乙，又从乙家里搜得丙的信，于是连丙也捕去了，都不知道下落。古时候有牵牵连连的“瓜蔓抄”，我是知道的，但总以为这是古时候的事，直到事实给了我教训，我才分明省悟了做今人和做古人一样难。（并见《南腔北调集》，页四三）

慢慢对他自己的迫害，也来了。我们知道，是专有一本小书叫《鲁迅在广东》的，可是据他所说，则看了后，并不足以知道那实况，除非书后加上几十页空白的纸。这时，要他作序的书，往往托故取回了，期刊上他的题签也经撤换了。报纸上故意不使有“鲁迅”二字出现，有的报上则称之为杂感家，并且主张他应该和“现代评论派”人合作。他的处境非常危险，所以他愤慨地说：逃掉了五色旗下的铁窗斧钺风味，而在青天白日之下，又有缧绁之忧了（《而已集》，页五五）。所以他退出了中山大学，在广州城里头，另找一个地方居住。这时空气为残杀所充满，他也隐不下，总有人来探问他的意见，也迫他讲演，以便拿他的错。但他却用支吾的办法，使人们不得要领，他的讲演也避免谈现实，现在收在《而已集》里的《魏晋风度及文章与药及酒之关系》就是一个例子，他的话，很曲折，而且很幽默，使听者能够把主旨模糊过去。他造成一个使人以为不过是又要钻在故纸堆的人物了，于是得到逃

《坟》（1927 年未名社初版）

脱。林语堂便称这回是他的第三次蛰伏时期，也是以装死得生。

像结束了一场噩梦似的，他于一九二七年的九月底到了上海。

感情的起伏和不安，既愤慨，又自危，以往久居一地的人，竟从北平到了厦门，到了广东，又到了上海，这末漂泊，

鲁迅手绘《坟》之扉页图案

流徙，然而这仿佛西洋历史上的中世纪似的，乃是酝酿一个较有意义的生活的到来。他在这一阶段里，也印行了几本著作，是：《坟》，《朝花夕拾》，和《唐宋传奇集》。《而已集》大都是这时期写的，不过印行却是在次一年。

（六）

作为鲁迅精神进展上达于顶点的第五个阶段，是始于一九二七年九月底鲁迅之赴上海。这时他四十六岁。因为他眼见过革命策源地的实况了，所以他对于革命已取一种讽笑的态度；因为他受的迫害太大，而见的别人的危难也太多了，所以他感到了“救救孩子”的口号终于不免空虚，攻击社会也太冒险，这时他深深地致恨于文字的无用；因为三经香港，知道压迫中国人更深的是帝国主义者了，所以他慢慢有了攻击的新对象：总之，他是在憎恶与愤慨之中，有所厌弃，有所倦怠，却又有所跃跃欲试的新目标了。他是以这样的心情到了上海。

一九二八年这一年是中国国民革命成功的一年，南北统一了，可是外人的欺辱也特别加甚起来，具体的事件便是“五卅”。在文化上，则为左倾的思想十分蓬勃，然而也十分草创的时代。照了鲁迅的叙述，当时的情形是：

我在“革命文学”战场上，是“落伍者”，所以中心和前面的情状，不得而知，但向他们屁股那面望过去，则有成仿吾司令的《创造月刊》，《文化批判》，《流沙》，蒋光×（恕我还不知道现在已经改了那一字）拜帅的《太阳》，王独清领头的《我们》，青年革命艺术家叶灵凤独唱的《戈壁》；也是青年革命艺术家潘汉年编撰的《现代小说》和《战线》；再加一个真是“跟在弟弟背后说漂亮话”的潘梓年的速成的《洪荒》。但前几天看见K君对日本人的谈话（见《战旗》七月号），才知道潘、叶之流的“革命文学”是不算在内的。（《三闲集》，页一三三）

这可以想见那时的文化界的一斑。他那时是一个受攻击的时代，从一九二八年至一九二九年，是他极少写稿，也几乎写出没处投的时代。当时，有所谓“围剿”：

我是在二七年被血吓得目瞪口呆，离开广东的，那些吞吞吐吐，没有胆子直说的话，都载在《而已集》里。但我到了上海，却遇见文豪们的笔尖的围剿了，创造社，太阳社，“正人君子”们的新月社中人，都说我不好，连并不标榜文派的现在多升为作家或教授的先生们，那时的文字里，也得时常暗暗地奚落我几句，以表示他们的高明。（《三闲集》，序言）

向来反抗的鲁迅，他这时也没沉默，于是他也反攻起来。他先说：

然而各种刊物，无论措辞怎样不同，都有一个共通之点，就是：有些朦胧。（《三闲集》，页六二）

后来直接指出成仿吾、李初梨的论调来，给了一句“横竖缠不清”的结论，接着便说：

最好还是让李初梨去“由艺术的武器到武器的艺术”，让成仿吾去坐在半租界里积蓄“十万两无烟火药”，我自己是照旧讲“趣味”。（《三闲集》，页六七）

可见他是在偏颇不驯的神情里，抵挡了当时的幼稚的攻击的。对于当时“革命文学”的货色，他也没有客气：

但中国之所谓革命文学，似乎又作别论。招牌虽挂了，却只在吹嘘同伙的文章，而对于目前的暴力和黑暗不敢正视。作品虽然也有些发表了，但往往是拙劣到连报章记事都不如；或则将剧本的动作辞句都推到演员的“昨日的文学家”身上去。那末，剩下来的思想的内容一定是很革命底了罢？我给你看两句冯乃超的剧本的结末的警句：

“野雉：我再不怕黑暗了。

偷儿：我们反抗去！”（《三闲集》，页九〇）

当时左翼文坛的幼稚，是不容讳言的，而且，空虚和不健全，也在所难免。所以，大家虽然围剿，和鲁迅的反抗比较起来，依然无疑显出单薄。然而，就当时幼稚的论调中，我以为钱杏村的攻击，却有时颇中要害。尤其是他发表的第一篇论鲁迅的文章，名字是《死去了的阿Q时代》的，我以为有不少地方，颇能一针见血，例如他说：

除开他的创作的技巧，以及少数的几篇能代表五四时代的精神外，大部分是没有表现现代的。

这是说到鲁迅作品的内容的。又说：

这种人若不把领袖思想英雄思想从他们的脑中赶掉，总归是没有希望的！再进一步说，鲁迅所以陷于这样的状态之中，我们可以说完全是所谓自由思想害了他，自由思想的结果只有矛盾，自由思想在这个世界上只是一个骗人的名词，鲁迅便是被骗的一个。

这是说到鲁迅的思想的。他更说：

现在的时代不是阴险刻毒的文艺表现者所能抓住的时代，现在的时代不是纤巧俏皮的作家的笔所能表现的时代，现在的时代不是没有政治思想的作家所能表现的时代！（载于一九二五年五月的《太阳》）

我不信鲁迅不受这些话的影响，在文学上，以《二心集》和以往的杂感集比较，就果然是爽朗开拓的了，阴险刻毒和纤巧俏皮可说确收敛了许多。政治思想，在一向空洞而没有立场的鲁迅，不久也就形成了，这都是属于这一个阶段里的事。

鲁迅是认真而且聪明的，在他未熟悉的东西，他就直然认为不懂，决不强不知以为知。所以他在一九二八年八月十日给人的信，还依然说："我对于唯物史观是门外汉，不能说什么。"（《三闲集》，页一三八）在同年编辑的《奔流》的后记里，也说：

> 世间大约该还有从集团主义的观点，来批评Ibsen的论文吧，无奈我们现在手头没有这些，所以无从介绍。（《三闲集》，页一三五）

这都是他未转变以前的话。

以后却是觉得攻击他的人大都是空虚了，所以他感到译书的迫切：

> 有马克思学识的人来为唯物史观打仗，在此刻，我是不赞成的。我只希望有切实的人，肯译几部世界上已有定评的关于唯物史观的书——至少，是一部简单浅显的，两部精密的——还要一两本反对的著作。那末，论争起来，

可以省说许多话。（《三闲集》，页一四〇）

否则，“解剖刀既未中腠理，子弹所击之处，也不是致命伤”（《二心集》，页二九），在他是不满足的。所以译书的责任，他也就负担起来了。他承认是受了别人攻击的影响，所以他说：

我有一件事要感谢创造社的，是他们“挤”我看了几种科学底文艺论，明白了先前的文学史家们说了一大堆，还纠缠不清的疑问。并且因此译了一本蒲力汗诺夫的《艺术论》，以救正我——这因我及于别人——的只信进化论的偏颇。（《三闲集》，序言）

这是多大的转变！他一向信任的进化论，是认为不够了，必得有所补充，这是什么呢？却就是他所谓：

接着这自然科学所论的事实之后，更进一步地来加以解决的，则有社会科学在。（《二心集》，页七三）

这种大转变，我认为都是在从他自己所译的书中而得到的正解的结果。

一九三〇年，他签名于自由运动大同盟。同年，三月二日左翼作家联盟成立，在成立大会上，他曾去讲演。我们知道，在一九二九年的二月七日，创造社是被封了（见郭沫若《创造十年》），所以此刻的左翼作家，已另换了阵线，而鲁迅乃是其中最为忠实的一员。在中国，自己敢于公开承认是左翼（《南腔北调集》，页四六），而又能坚持其立场的，恐怕很少很少。许多怕落伍，又怕遭殃，就作出一种依违两可的妾妇状了，即此一端，也可见鲁迅的人格。

鲁迅在这一个时期里，虽然有一度想歇歇（《三闲集》，页一一〇），这是一九二八年时的事，也想“隐姓埋名，到什么小村里去，一声也不响，大家玩玩吧”（《两地书》，页二五八），这是一九二九年时的事，可是到了一九三〇年以后，他却不会松懈了，所以然者，他思想上有了归宿。

他这时批评了梁实秋，批评了成仿吾，批评了钱杏村，对于左翼，他有了指示；对于右翼，他有了剖解，他从前只是为青年辩，现在他为大多数劳苦大众辩了，但他却也并不忘记攻击他们的短处。在理论上，他为忠实的翻译辩，他为阶级性的存在辩。在从前，他有所攻击，是因为“关已”，现在是不触着自身，也来战斗了，从前他的战斗为个人，现在是为受压迫的大部分人了。

文章与内容相衬，他这时的作品也最是在浑浑厚厚之中，而有一种生气，所以我认为这是他最健康，而精神进展达于极点的时期。

鹤见祐辅《思想·山水·人物》（1928年北新书局初版）

《壁下译丛》（1929 年北新书局初版）

他于一九二九年，曾经短期到过北平，大部生活却是在上海。这几年来的著译工作是：童话《小约翰》的译文，日本鹤见祐辅作的《思想 · 山水 · 人物》的选译，《野草》，《而已集》，都是一九二八年出版的；《壁下译丛》，日本坂垣

卢那卡尔斯基《艺术论》（1929年大江书铺初版）

鹰穗《近代美术思潮论》的译文，日本片上伸《无产阶级文学的理论与实际》的译文，卢那卡尔斯基《艺术论》的译文，皆出版于一九二九年；蒲力汗诺夫的《艺术论》，卢那卡尔斯基的《文艺与批评》，苏俄的《文艺政策》，这些翻译皆出版于一九三〇年。雅各武莱夫作的长篇小说《十月》，为神州国光社收稿，但在一九三二年鲁迅自定的译著书目中却说尚未付印。

（七）

自一九三一年以后，到现在，我认为是鲁迅精神进展上的又一个阶段了。这一个阶段里重要的事情便是国难的临头，于一九三一年而有“九一八”，于一九三二年而有“一·二八”，这都不是小事件！再一件事，就是中国左翼作家的消沉。鲁迅在这一个阶段里，一方面是转变后的新理论的应用了，一方面却是似乎又入于蛰伏的状态的衰歇。在这一个时期，他的著作是不多的，他的文章，也又改了作风，并没能继续在上一个阶段里所获得的爽朗开拓的气度。

因为国难的关系，他写着许多关于时事的文章。首先，他有一篇《答文艺新闻社问》，题目是《日本占领东三省的意义》，他的答复是：

> 这在一面，是日本帝国主义在“惩膺”他的奴仆——中国军阀，也就是“惩膺”中国民众，因为中国民众又是

军阀的奴隶；在另一面，是进攻苏联的开头，是要使世界的劳苦群众，永受奴隶的苦楚的方针的第一步。（《二心集》，页一四七）

这是他在国难后发话的第一声，在这时候的鲁迅，无疑对帝国主义的愤恨是格外加强了，对本国的当局也责难深起来，然而对于国民性的攻击并没有放松，他说一般人之惯于说谎和造谣：

笑里可以有刀，自称酷爱和平的人民，也会有杀人不见血的武器，那就是造谣言。但一面害人，一面也害己，弄得彼此懵懵懂懂。古时候无须提起了，即在近五十年来，甲午战败，就说是李鸿章害的，因为他儿子是日本的驸马，骂了他小半世；庚子拳变，又说洋鬼子是挖眼睛的，因为造药水，就乱杀了一大通。下毒学说起于辛亥光复之际的杭州，而复活于近来排日的时候。我还记得每有一回谣言，就总有被诬为下毒的奸细，给谁平白打死了。

谣言世家的子弟，是以谣言杀人，也以谣言被杀的。（《南腔北调集》，页二〇七）

因为他住在上海，所以也就特别攻击上海：他介绍上海的“吃白相饭”：

要将上海的所谓“白相”，改作普通话，只好是“玩耍”……

“吃白相饭”在上海是这么一种光明正大的职业。

我们在上海的报章上所看见的，几乎常是这些人物的功绩；没有他们，本埠新闻是决不会热闹的。但功绩虽多，归纳起来也不过是三段，只因为未必全用在一件事情上，所以看起来好像五花八门了。

第一段是欺骗。见贪人就用利诱，见孤愤的就装同情，见倒霉的则装慷慨，但见慷慨的却又会装悲苦，结果是席卷了对手的东西。

第二段是威压。如果欺骗无效，或者被人看穿了，就脸孔一翻，化为威吓，或者说人无礼，或者诬人不端，或者赖人欠钱，或者并不说什么缘故，而这也谓之“讲道理”，结果还是席卷了对手的东西。

第三段是溜走。用了上面的一段或兼用了两段而成功了，就一溜烟走掉，再也寻不出踪迹来。失败了，也是一溜烟走掉，再也寻不出踪迹来。事情闹得大一点，则离开

本埠，避过了风头再出现。（《准风月谈》，页一九）

鲁迅总是反抗的，所以可敬。

在一九三一年的二月七日，是胡也频、柔石等被害的日子。鲁迅因而悲愤，因而自危，因而沉默，大概也是自然的吧。

不过鲁迅自从接受新的理论后，他的观感多半更深入一层了，而且他处处忘不掉社会机构的背景，例如他对于“谚语”：

> 粗略的一想，谚语固然好像一时代一国民的意思的结晶，但其实，却不过是一部分的人们的意思。现在就以“各人自扫门前雪，莫管他家瓦上霜”来做例子罢，这乃是被压迫者的格言，教人要奉公，纳税，输捐，安分，不可怠慢，不可不平，尤其是不要管闲事；而压迫者是不算在内的。（《南腔北调集》，页一四二）

所以我说这一时期是他运用他的理论的时期。

大体上看，鲁迅时时刻刻在前进着，然而，这第六个阶段的精神进展，总令人很容易认为是他的休歇期，并且他的使命的结束，也好像将不在远。到现在为止的成书的东西，充其量是包括一九三三年的作品；现在很少见他发表东西了，自然，没有合适的地方发表的原故也是有的。包括一九二七年至一九二九年的杂感集《三闲集》是出版于一九三二年的，他在书后有一个后记，先是把从来的作品列了列，成为一个“译著书目”，随后便有许多自责、自慰的话，令人很容易想到他是自己意识到可以告一段落的了。并且说：

当我被“进步的青年”们所口诛笔伐的时候，我“还不到五十岁”，现在却真的过了五十岁了。（页二一〇）

因为他这时五十一。他又说：

世界决不和我同死，希望是在于将来的。但灯下独坐，春夜又倍觉凄清，便在百静中，信笔写了这番话。

这是一种什么滋味！读者大可以去想像的吧。鲁迅在一九三一年的译书有《药用植物》（日本刈米达夫作，分别发表于商务印书馆《自然界》中），有三闲书屋印苏联A.法捷耶夫作长篇小说《毁灭》一册，一九三二年出版《三闲

法捷耶夫《毁灭》(1931年9月大江书铺初版)

集》、《二心集》，一九三三年出版《南腔北调集》、《伪自由书》，一九三四年出版《准风月谈》。今年则有别人代他出版的《集外集》，以及生活书店出版的L.班台莱耶夫作的童话《表》，和高尔基的《俄罗斯的童话》。到执笔时为止，现在还没有更新的成书出来。

（八）

这一章的文章到这里本可以完了，但我们从鲁迅的生活和他的精神进展上看出一件事情来，就是：一个人的环境限制一个人的事业。但一个人的性格却选择一个人的环境。这其间有一点神秘，这神秘我们可以鲁迅为代表。

我们可以这样说，倘若不是陈独秀在那里办《新青年》，鲁迅是否献身于新文化运动是很不一定的；倘若不是女师大有风潮，鲁迅是否加入和“正人君子”的“新月派”的敌斗，也很不一定的；一九二六年假若他不出走，老住在北平，恐怕他不会和周作人的思想以及倾向有什么相违，他和南方的革命势力既无接触，恐怕也永久站在远处，取一个旁观、冷嘲的态度，是不会太向往，也不会太愤恨的；一九二七年假若他不是逃到上海，而是到了武汉，那么，也许入于郭沫若一流，到政治的旋涡里去生活一下；一九二八年一直到一九三〇年，假若他久住于北平，即也敢说他必受不到左翼作家的围剿，那末，他也决不会吸取新的理论，他一定止于是一个个人主义的不驯的战士而已，也不会有什么进步；——然而，这一切都不是的，事实乃是陈独秀办了《新青年》，女师大有了风潮，一九二六年他离开了北京，一九二七年从广州到了上海，一九二八年到一九三〇年他没有打算再久住北平，所以，他成就了现在的鲁迅。环境的力量有多大！

然而，我们更必须清楚，就是倘若不是鲁迅的话，他不会把环境这样选择着！不是鲁迅，不会在会馆里寂寞地抄古碑。已经做佥事了，他满可以心安理得地做官，然而他不，他感到寂寞，他偏驱除不净那些少年时受自农村社会的悲凉的回忆，他于是呐喊！不是鲁迅，他可以安稳地教书，学潮可以不理，然而因为是鲁迅，他又不耐了，绅士们的纸冠，他也必得戳一戳，结果被迫，结果得出走。随便逃走也就好了，但他还有新的梦想，要治两年的学，于是到了厦门，在厦门能耐的话，他可以像林语堂似的，在那儿停一停，然而他不，他终于是鲁迅，他痛恨于“天下何其浅薄者之多”，他苦恼于一般人之“语言无味”，他以“离开了那些无聊人”，“心就安静得多了”，所以他就又被广州的情形所诱引，而到了广州。在广州，别人也许可以住得下去的吧，否则也不能受那样的迫害，然而又依然是鲁迅之故，他不妥协，他反抗，他以为他的话很巧，可以无所触犯，然而他说这地方是“奉旨革命”，然而他说：“青天白日旗插远去，信徒一定加多。但有如大乘佛教一般，待到居士也算佛子的时候，往往戒律荡然，不知道是佛教的弘通，还是佛教的败坏？……”（《三闲集》，页三一）他能不遭到迫害吗？无怪乎他又得出走。到了上海，倘若在别人，当时的左翼作家一定不如此大举，又因为他是鲁迅，所以围剿特别加紧，然我们还敢说，倘若在别人，反攻也许是薄弱的吧，而且反攻之后，也许不必要看清敌人的理论的吧，然而仍因为是鲁迅，猛烈的反攻，却又慢慢很勤快地译出敌人的理论根据来了，他于是从中却又变革了自己。一九二九年他到过北平，但他说：“为安闲计，住北平是不坏的，但因为和南方太不同了，所以几乎有‘世外桃源’之感，我来此已十天，却毫不感到什么刺戟，略不小心，确有‘落伍’之惧的。上海虽烦扰，但也别有生气。”（《两地书》，页二四〇）求刺戟，要生气，这也只有鲁迅那样的人才如此，所以他就终于久住于上海了，因此，他始终没脱离了做战士。一个人的性格，对于环境的选择又多末明显！

所以像其他天才一样，环境却终于完成了他自己了！

二十四年七月三十一日上午十时

三　鲁迅作品之艺术的考察

Ⅰ　鲁迅创作之一般的考察及鲁迅创作中之最完整的艺术

（一）

现在我想说一说鲁迅的艺术。也许这是不对的吧，我特别被吸引于审美的方面。中国有“信言不美，美言不信”这些老话，可是我不管这些了。即如我向来对于梵经吧，我觉得美，是因为文章；道理么，我却认为无足轻重，有时我还多半持着相反的见地。我知道，这样将是梵经的罪人的，同样，我恐怕也不能不是鲁迅的罪人了。可是说真的，鲁迅在思想上，不够一个思想家，他在思想上，只是一个战士，对旧制度旧文明施以猛烈的攻击的战士。然而在文艺上，却毫无问题的，他乃是一个诗人。

诗人是情绪的，而鲁迅是的；诗人是被动的，在不知不觉之中，反映了时代的呼声的，而鲁迅是的；诗人是感官的，印象的，把握具体事物的，而鲁迅更是的。

鲁迅常说忘却，这当然是一个适应生存的好方法，因为否则苦痛太多，将活不下去，可是其实鲁迅是不大会忘却的，他的记忆，反而是太多了，而且极清楚。在他记忆的范围里，又多半是活活泼泼的具体的形象。就看他的《呐喊》序：

> 我有四年多，曾经常常，——几乎是每天，出入于质铺和药店里，年纪可是忘却了，总之是药店的柜台正和我一样高，质铺的是比我高一倍，我从一倍高的柜台外送上衣服或首饰去，在侮蔑里接了钱，再到一样高的柜台上给我久病的父亲去买药。

这是一段。还有：

> S会馆里有三间屋，相传是往昔曾在院子里的槐树上缢死过一个女人的，现在槐树已经高不可攀了，而这屋还

《呐喊》(北新书局 1927 年版)

没有人住；许多年，我便寓在这屋里钞古碑，客中少有人来，古碑中也遇不到什么问题和主义，而我的生命却居然暗暗的消去了，这也就是我惟一的愿望。夏夜，蚊子多了，便摇着蒲扇坐在槐树下，从密叶缝里看那一点一点的青天，晚出的槐蚕又每每冰冷的落在头颈上。

这是又一段。可以看出鲁迅的记忆的特色是多末偏于具体印象的，这是创作家惟一的凭借，这是创作家惟一的才能。反之，只得有抽象概念的，乃是近于理论家的，而鲁迅不是的。

鲁迅的笔是抒情的，大凡他抒情的文章特别好。大家总可以记得的，不久以前，发表在《文学》上的一篇《忆韦素园君》，再以前，发表在《现代》上的一篇《为了忘却的记念》，关于柔石的。我们知道，这类的文章，在鲁迅是未必愿意写的，因为他对文学，另有别的信念，所以为数不多，可是在我们看，却够珍贵的了：含蓄、凝练、深长的意味，和丰盈充溢的感情。

这种抒情的文章之少，小半的原因是因为鲁迅碰到要攻击的对象是太多了，他那种激昂的对于社会的关怀遂使他闲适不得。即是他的杂感，也每每不大从容，然而遇有从容的笔墨，却一定是优美的笔墨。这也是一切艺术的特质吧，必须和实生活有一点距离，所以和爱人吻着的时候大抵是不会写情诗的，如周作人所说。艺术的创作究竟是有闲的，鉴赏亦然，这是事实。不过我以为这并不坏，一如有的人却以为不好。好坏就是价值问题了，价值是因观点不同而异的，不如事实那末没有变动。无论如何吧，鲁迅在生活上的余裕太少，至少是心理的感觉上，所以纯艺术的作品不很多。我所谓纯艺术，并不是说它毫没有别的作用，乃是说它的作用乃是放在创作欲之后的，并且它的形式，是完整的艺术的，与其说它纯艺术，或者不如说是“非纯作用”。可是虽然如此，鲁迅颇有少数的完整的艺术品，并且我们据这少数的完整的艺术品看，鲁迅的的确确有这方面的才能，没使他充分发展了的，只是机会。

以写下等社会人的生活为文艺的对象的，鲁迅纵或不是第一人，也是最早的人们之一。在他也许是因为寂寞了，偏有那些愁惨的可怜的动物的生活，浮现在心头，然而他这取材，却无疑地作为此后文学运动的一种先声，在他不意识的中间，他已反映了时代的要求了，他已呼吸着时代的气息了，倘若我们明白这一点，就知道他后来的所谓“转变”，实在是一件毫不奇怪的事。而且惟独他最初对于取材上，是无所谓的，并没有革命文学的或平民文学的、普洛文学的企图，他却只是真正有着一些偏不能忘怀的感印，他要写出来以驱散寂寞，他和这些题材乃是像生物似的有机的关连着，却不是硬凑，或者硬拉，因此他这里才是真的文艺，才是真正渗透了时代的意义的艺术。

明目张胆而提倡革命文学，为革命文学而造作那类的题材，这是革命家的事，这是宣传家的事。不是诗人的事。诗人是不知不觉，而作了时代的代表的。所以我说诗人像是被动的，就是在这种意义上。诗人对事情不是用理智推来的，他是感到的，他感到之大小，以及他是否能把感到的移在纸上，而令读者恰得到他所要绘就的印象，这是天才的问题。

天才是天生的，康德这样说。在天才之为时代的预言者，在天才之为社会的演进之纪程碑，在天才之与大自然、人类、森罗万象之息息相关，在天才之不能纯由学力，在天才之产生不能由人预期诸点上说，天才是天生的，这话没有错。这样的天才也就是诗人。

印象的，情感的，被动的，这是诗人的，也就是创作家的特色。鲁迅正是够资格的。

（二）

在一九一八年到一九二二年，鲁迅的第一部小说集《呐喊》完成了，在一九二四年与一九二五年，他出了第二部小说集《彷徨》，可是此后就不见类似的作品了，到现在已经是十年了。

他的创作所以停歇的原故，想来是很多的。本来，一个作家在一生的精神进展上，是有起伏的，这无足怪，也不必怪。况且，一个作家在把他的思想情绪找到用另一种方式表达的时候，当然会对于某一种表达的方式有所弃置。在我们日常生活里，常见有人把日记或信写得很仔细的，可是他往往别的文章就少起来，同时一个惯爱长篇大套写文章的人，他的日记或通信就往往短短的，因为，他要说的话，已经另有所寄托了。鲁迅，从一九一八年到一九三三年，差不多整整出了十本杂感，单单这，也就可以明白他不必写小说形式的创作的根由了。不过最大的原故似乎在他创作的认识，与革命的信念的冲突。我们知道，大凡两种力在冲突了的时候，是会停滞着。正如游艺场里门口的相挤，势必谁也过不去。鲁迅对于创作的认识，是很清楚的，他知道要自由，先是在《呐喊》的序上，他说："既然是呐喊，则当然须听将令的了，所以我往往不恤用了曲笔"，因而："这样说来，我的小说和艺术的距离之远，也就可想而知了"，他明明自认创作之受了限制以及因而和艺术的相远；后来在一九二七年的《而已集》上，依然说：

后来有一般人很不以他（案：指曹丕）的见解为然。他说诗赋不必寓教训，反对当时那些寓驯勉于诗赋的见解，用近代的文学眼光看来，曹丕的一个时代可说是“文学的自觉时代”，或如近代所说是为艺术而艺术（Art for Art’s Sake）的一派。所以曹丕做的诗赋很好，更因他以“气”为主，故于华丽以外，加上壮大。（页一二三）

他简直作了艺术的保护人，这见之于他那有名的《魏晋风度及文章与药及酒之关系》演讲。对于文学和实用的关系，他也看得很清楚，不特在同一的《而已集》里说：

自然也有人以为文学于革命是有伟力的，但我个人总觉得怀疑，文学总是一种余裕的产物，可以表示一个民族的文化，倒是真的。（页二二）

就在一九〇七年，他也说：

严冬永留，春气不至，生其躯壳，死其精魂，其人虽生，而人生之道失。文章不用之用，其在斯乎？（《摩罗诗力说》，见《坟》，页六八）

他说是一种余裕，是一种不用之用，就是和实生活有一种距离的意思，这确乎是一切艺术的审美的性质和审美的价值的所在。然而，在社会的改革感到迫切的时候，能不能觉得这种余裕的东西还是有价值呢？从情感上当然觉得它的淡漠，从理论上就不能不有所动摇了。同时，艺术是不是也可以拿来作工具的呢？它是不是应当剖析现实，而有一种推动的力量的呢？换言之，它是不是武器呢？到了觉得文艺似乎是武器，又不能忘怀于创作必须得没有束缚的时候，冲突就来了，许多青年作家在这种机会搁下笔，因为冲突，所以停滞了。恐怕鲁迅也陷于这样的苦闷。恐怕这，是像一切青年作家的搁笔似的，也是鲁迅此后少有创作的最大的根由。明白创作和理论之根本分野的人，明白创作是如何的一种根源的人，明白创作之艺术的独立的价值，然而终于是很切于人生的关系的人，当然不会有这种苦闷。可是在中国，美学的知识还不能为一般人所认识，所以也就不能深责了。

无论如何，鲁迅在一九一八年到一九二五年，这七年间的创作收获，是值得重视的。尤其因为前此，和此后，都着重了另外的方式——杂感，这两本称为小说的结集，乃是越发可以珍贵了。

（三）

倘若让我只举最完整的创作的话，则我觉得在这一共二十五篇创作的两个结集里，有八篇东西是我愿意指出来的，这是：《孔乙己》，《风波》，《故乡》，《阿Q正传》，《社戏》，《祝福》，《伤逝》和《离婚》。这八篇东西，都是完整的艺术，到了完整的艺术的，就是不能再分高下的了，所以这八篇东西可说有永久的价值，我敢说在任何国外的大作家之群里，也可以毫无愧色。这八篇东西里，透露了作者对于农村社会之深切的了解，对于愚昧、执拗、冷酷、奴性的农民之极大的憎恶和同情，并且那诗意的、情绪的笔，以及那求生存的信念和思想，统统活活泼泼地渲染到纸上了。

《孔乙己》作于一九一九年，故事是简单的，不过写农村社会中知识分子的没落。可是那刻画的清晰的印象，和对于在讽嘲和哄笑里的受了损伤的人物之同情，使这作品蒙上了不朽的色彩。鲁镇和咸亨酒店，是在这篇作品里开始介绍给读者。就在简单的和从容的笔底下，已经写出令人觉得十分幽默，然而十分亲切，又十分悲哀荒凉的光景。

在他笔底下，是真的农民：

> 外面的短衣主顾，虽然容易说话，但唠唠叨叨缠夹不清的也很不少。他们往往要亲眼看着黄酒从坛子里舀出，看过壶子底里有水没有，又亲看将壶子放在热水里，然后放心。（《呐喊》页一二一）

因为是真的农民，所以我们倒觉得他对于农民有无穷的同情在，同时我们的同情也油然而生，所以然者，农民的灵魂仿佛是在呈现着了，无论如何，我们不能不感到亲切。反之，把农民理想化了的，因为不真实，我倒以为是恶毒的侮辱。鲁迅在这时，却的确在创作，在写他的诗，所以是可贵的。

哄笑和奚落，咀嚼着弱者的骨髓，这永远是鲁迅小说里要表现的，我已经说过，这是鲁迅自己的创痛故。因此同情充满了他的全作品，虽然有时他为他所同情的人物之堕落而愤慨或激昂。孔乙己一类人就正是人们取笑之资的：

> 孔乙己一到店，所有喝酒的人便都看着他笑，有的叫道，“孔乙己，你脸上又添上新伤疤了！”他不回答，对柜里说，“温两碗酒，要一碟茴香豆。”便排出九文

大钱。他们又故意的高声嚷道，“你一定又偷了人家的东西了！”孔乙己睁大眼睛说，“你怎么这样凭空污人清白……”“什么清白？我前天亲眼见你偷了何家的书，吊着打。”孔乙己便涨红了脸，额上的青筋条条绽出，争辩道，“窃书不能算偷……窃书！……读书人的事，能算偷么？”接连便是难懂的话，什么“君子固穷”，什么“者乎”之类，引得众人都哄笑起来：店内外充满了快活的空气。（《呐喊》页二三）

奚落、排斥、哄笑，这终于是愚妄者的面目。可是孔乙己终于死了。悲凉而可哀的氛围，是充满了鲁迅的记忆了，以这而驱散寂寞，难道所留下的不仍是寂寞么？

（四）

《风波》作于一九二〇年，是《孔乙己》作了后的次一年，《阿Q正传》作于一九二一年，《离婚》作于一九二五年，这三篇东西都是为农民画肖像的，那肖像也都到了逼真的地步。

这三篇有一个共同点，就是纯粹客观的态度，仿佛冰冷冷地，把见到的，就写出来，一点也没动声色。《孔乙己》

里，还是从侧面去写农民，他主要的是写一个没落的知识分子，这三篇不然了，都是正面的。然而，我却殊不觉其冰冷冷地，恰恰相反，却觉得有一种最大的同情，滚热地激荡于其中。最不可掩的，是《阿Q正传》。

《风波》以从容胜，《离婚》以凝练胜。我们看了《风波》觉得作者有千钧的力量似的，却只小试身手，看他能扛鼎吧，但却只踢一踢毽子。《离婚》却是一点“华而不实”的地方也没有的，就仿佛颜鲁公的正楷。在内容上，写的东西却是一致的，就是写农民的愚和奴性。《离婚》里，木三和爱姑在未见七大人、慰老爷的时候，理直气壮，以为施家的儿子姘上了寡妇，这回去离婚，准得“闹得他们家败人亡”，可是地方快到了，情形就已经不同起来：

> 庄木三的烟早已吸到底，火逼得斗底里的烟油吱吱地叫了，还吸着。他知道一过汪家汇头，就到庞庄；而且那村口的魁星阁也确乎已经望得见。庞庄，他到过许多回，不足道的，以及慰老爷。他还记得女儿的哭回来，他的亲家和女婿的可恶，后来给他们怎样地吃亏。想到这里，过去的情景便在眼前展开，一到惩治他亲家这一局，他向来是要冷冷地微笑的，但这回却不，不知怎的忽

而横梗着一个胖胖的七大人，将他脑里的局面挤得摆不整齐了。（《彷徨》，页二四三）

见过慰老爷之后，没有几句话，他们的锐气便完全丧失，简直在威胁与软化之中屈服了：

《彷徨》（1926 年北新书局初版）

爱姑觉得事情有些危急了，她很怪平时沿海的居民对他都有几分惧怕的自己的父亲，为什么在这里竟说不出话。她以为这是大可不必的；她自从听到七大人的一段议论之后，虽不很懂，但不知怎的总觉得他其实是和蔼近人，并不如先前自己所揣想那样的可怕。（《彷徨》，页二四七）

以后的结局，也就可想而知了。农民在经济上的被剥削，在精神上、意志上、人格上，也同样被剥削了，农民已经失掉了自己。不动声色，而去一笔一笔，为农民作最忠实，最逼真的画像者是鲁迅。

《风波》里，大家对于赵七爷的敬畏，就像方才爱姑和木叔对于慰老爷、七大人的敬畏。七斤听说要复辟，人得留辫子，他知道事情似乎非常危急，他未尝不想些方法，和计划，可是“非常模糊，贯穿不得”，这正如木叔一意识到胖胖的七大人，脑子里的局面就摆不整齐了，也恰是一模一样。奴性，和愚蠢，造成了农民特有的精神上的伤疤。

在两篇作品里，技巧上都够上不苟。《离婚》里写：

船便在新的静寂中继续前进；水声又很听得出了，潺潺的。八三开始打瞌睡了，渐渐向对面钩刀式的脚张开了

嘴。（《彷徨》，页二四二）

“这就是‘屁塞’，就是古人大殓的时候塞在屁股眼里的。”七大人正拿着一条烂石似的东西，说着，又在自己的鼻子旁擦了两擦，接着道，“可惜是‘新坑’。倒也可以买得，至迟是汉。你看，这一点是‘水银浸’……”

“水银浸”周围即刻聚集了几个头……（《彷徨》，页二四五）

多么刻画传神！用字是那么简洁，峭拔，所以我说凝练。连一个人的睡，也没忘了是在写一个农民，所以我说不苟。同样是在《风波》里，村人的让饭吧，是在开口之先，“拿筷子点着自己的饭碗”的，这可以说是逼肖。普通作家，决没有这么大精神。也就在《风波》里，人物到了全出场的时候，作者对任何一个人物并不冷淡，却是使她或他，恰如其分地在那里表现各自的性格：

看客中间，八一嫂是心肠最好的人，抱着伊的两周岁的遗腹子，正在七斤嫂身边看热闹；这时过意不去，连忙解劝说，“七斤嫂，算了罢。人不是神仙，谁知道未来事呢？便是七斤嫂，那时不也说，没有辫子倒也没有什么丑么？况且衙门里的大老爷也还没有告示……”

七斤嫂没有听完，两个耳朵早通红了；便将筷子转过向来，指着八一嫂的鼻子，说，“阿呀，这是什么话呵！八一嫂，我自己看来倒还是一个人，会说出这样昏诞胡涂话么？那时我是，整整哭了三天，谁都看见；连六斤这小鬼也都哭……”六斤刚吃完一大碗饭，拿了空碗，伸手去嚷着要添。七斤嫂正没好气，便用筷子在伊的双丫角中间，直扎下去，大喝道，“谁要你来多嘴！你这偷汉的小寡妇！”

扑的一声，六斤手里的空碗落在地上了，恰巧又碰着一块砖角，立刻破成一个很大的缺口。七斤直跳起来，捡起破碗，合上了检查一回，也喝道，“入娘的！”一巴掌打倒了六斤。六斤躺着哭，九斤老太拉了伊的手，连说着“一代不如一代”，一同走了。

八一嫂也发怒，大声说，“七斤嫂，你‘恨棒打人’……”

赵七爷本来是笑着旁观的；但自从八一嫂说了“衙门里的大老爷没有告示”这话以后，却有些生气了。这时他已经绕出桌旁，接着说，“‘恨棒打人’，算什么呢。大兵是就要到的。你可知道，这回保驾的是张大帅，张大帅就是燕人张翼德的后代，他一支丈八蛇矛，就有万夫不当之勇，谁能抵挡他”，他两手同时捏起空拳，仿佛握着无形的蛇矛模样，向八一嫂抢进几步道，“你能抵挡他么！”（《呐喊》，页八六——八八）

这么绰有余裕的笔墨，在不苟之外，所以我又说“以从容胜”。

Ⅱ 《阿Q正传》之艺术价值的新估

（一）

像在时间上是作于《风波》之后、《离婚》之前的《阿Q正传》，在风格上也是居于二者之间的，也正像在时间上是离《风波》的创作时期近些，风格上也是宁近于《风波》，而不近于《离婚》。

许多人物的影子，在《风波》里都有过了。例如《阿Q正传》里，那位洋先生的装腔作势：

……白着眼睛讲得正起劲：

“我是性急的，所以我们见面，我总是说：洪哥！我们动手罢！他却总说道No！——这是洋话，你们不懂的。否则早已成功了，然而这正是他做事小心的地方，他再三再四的请我上湖北，我还没有肯。谁愿意在这小县城里做事情……”（《呐喊》，页一七三）

这不正是《风波》里赵七爷的装腔作势么：

“皇恩大赦？——大赦是慢慢的总要大赦罢。”七爷说到这里，声色忽然严厉起来，“但是你家七斤的辫子呢，辫子？这倒是要紧的事。你们知道：长毛时候，留发不留头，留头不留发……”（《呐喊》，页八四）

我们更比一比革命时代的阿Q吧：

“得得……”

“老Q，”赵太爷怯怯的迎着低声的叫。

“锵锵，”阿Q料不到他的名字会和“老”字联结起来，以为是一句别的话，与己无干，只是唱。“得，锵，锵令锵，锵！”

“老Q。”

“悔不该……”

“阿Q！”秀才只得直呼其名了。

阿Q这才站住，歪着头问道，“什么？”

“老Q……现在……”赵太爷却又没有话，“现在……发财么？”

“发财？自然。要什么就是什么……”（《呐喊》，页一六三）

这同是以别人的胜利，引为自己的胜利，以别人的威风，派作自己的威风的人物。过屠门而大嚼这点浅薄聊且快意的发泄，和一种渺茫的愿望的暂寄，在隐隐约约之中，正是尽人皆闻的。至于阿Q的“手执钢鞭将你打”，要扬手，不过因为捆着，而扬不起来，是并不殊于赵七爷的赞叹张翼德有丈八蛇矛之后，捏起空拳，向人跟前抢上两步，说，“你能抵挡他么”的神情的。一种幸灾乐祸的氛围，在《风波》里也已显示着了，“村人们呆呆站着，心里计算，都觉得自己确乎抵不住张翼德，因此也决定七斤便要没有性命。七斤既然犯了皇法，想起他往常对人谈论城中的新闻的时候，就不该含着长烟管显出那般骄傲模样，所以对于七斤的犯法，也觉得有些畅快”（《呐喊》，页八八）。惶恐而且快意，这也正是在《阿Q正传》中为我们所熟悉的。

（二）

《阿Q正传》的风格之有似乎《风波》，简短了说，也就仍是“从容”。

因为“从容”，所以那似乎潦草而漫无结构的缺点，是可以全然抵偿，一笔勾销了；疏疏落落，是不错，然而整个调和，就是一件完整的艺术品了。

在任何一章，《阿Q正传》都像是并没费事，不过随意点染了的，所以虽然那结局那么匆促，像开玩笑似的，就搁笔了，可是我们却决不感到有些失望，或者刺目，原由呢，就是因为作品整个的调和故。

他的文字的本身，也表现一种闲散、从容，而带有节奏的韵致：

> 有人说：有些胜利者，愿意敌手如虎，如鹰，他才感得胜利的欢喜；假使如羊，如小鸡，他便反觉得胜利的无

聊。又有些胜利者，当克服一切之后，看见死的死了，降的降了，“臣诚惶诚恐死罪死罪”，他于是没有了敌人，没有了对手，没有了朋友，只有自己在上，一个，孤另另，凄凉，寂寞，便反而感到了胜利的悲哀。（《呐喊》，页一三四）

这是多么美的散文！文字的本身从容，有种从容的美，不必是叙述的事情从容。作者有种绰绰然有余裕的能力驾驭他的笔：

阿Q没有说完话，拔步便跑；追来的是一匹很肥大的黑狗。这本来在前门的，不知怎的到后园来了。黑狗哼而且追，已经要咬着阿Q的腿，幸而从衣兜里落下一个萝卜来，那狗给一吓，略略一停，阿Q已经爬上桑树，跨到土墙，连人和萝卜都滚出墙外面了。只剩着黑狗还在对着桑树嗥，老尼姑念着佛。（《呐喊》，页一五〇）

（三）

艺术必须得和实生活有一点距离。因为，这点距离的所

《呐喊》部分版本

在，正是审美的领域的所在。像医生吧，他无论多么慈悲，动手的时候，却必须又似乎残忍，他的心可以是软的，然而手却还得是硬的。在这种比方上，我们可以了解《阿Q正传》。

鲁迅那种冷冷的，漠不关心的，从容的笔，却是传达了他那最热烈，最愤慨，最激昂，而同情心到了极点的感情。

阿Q已不是鲁迅所诅咒的人物了，阿Q反而是鲁迅最关切，最不放心，最为所焦灼，总之，是爱着的人物。别人给阿Q以奚落，别人给阿Q以荒凉，别人给阿Q以精神上的刺痛和创伤，可是鲁迅是抚爱着他的，虽然远远地。别人可以给阿Q以弃逐，可是鲁迅是要阿Q逃在自己的怀里的。阿Q自己也莫明其妙，荒凉而且悲哀，可是鲁迅是为他找着了安慰，找着了归宿；阿Q的聪明、才智、意志、情感、人格……是被压迫得一无所有了，有为之过问、关怀，而可怜见的么？没有的，除了鲁迅。阿Q还不安分，也有他生活上糊涂的幻想，有人了解，而且垂听，又加以斟酌的么？也没有的，除了鲁迅。自然，鲁迅不是没有奚落阿Q之意的，鲁迅也不一定初意在抒写他的同情心，更不必意识到他这篇东西之隆重的艺术的与社会的意义。然而这是无碍的，而且恰恰因此，这篇东西的永久价值才确立了，因为：真。因为真，所以这篇东西，是一篇有生命的东西，一个活人所写的一个活人的东西。它是没夹杂任何动机，任何企图，任何顾忌。作者没受任何限制，却只是从从容容地在完成他的创作。因此，这篇东西是绝对有纯粹艺术价值的东西。

（四）

在《阿Q正传》里，我们看一切人对阿Q是没有同情的，可是这一般人之对阿Q没有同情，却正是显示作者鲁迅对阿Q之无限的同情。

别人自始至终，是只要阿Q帮忙，只拿阿Q开玩笑，并没人留心他的生活，可是阿Q是不懂得的，他在一切被剥夺之余，惟一的安慰，是所谓精神胜利法。这是多么大可哀悯的事，却并不是可笑。

阿Q很天真，鲁迅已把他写成颇可爱的人物了：

> “穿堂一百——一百五十！”
>
> 阿Q的钱便在这样的歌吟之下，渐渐的输入别个汗流满面的人物的腰间。他终于只好挤出堆外，站在后面看，替别人着急，一直到散场，然后恋恋的回到土谷祠，第二天，肿着眼睛去工作。（《呐喊》，页一二四）

阿Q抓进衙门了，他还是那么可爱，而极其天真：

> 阿Q虽然有些忐忑，却并不很苦闷，因为他那土谷祠里的卧室，也并没有比这间屋子更高明。那两个也仿佛是乡下人，渐渐和他兜搭起来了，一个说是举人老爷要追他祖父欠下来的陈租，一个不知道为了什么事。他们问阿Q，阿Q爽利的答道：“因为我想造反。”（《呐喊》，

页一七八）

多么词意正大!

鲁迅对于阿Q，其同情的成分，远过于讽刺。不准革命以前，阿Q的精神已经坏下去：

> 他在街上走，人也看他，然而不说什么话，阿Q当初很不快，后来便很不平。他近来很容易闹脾气了；其实他的生活，倒也并不比造反之前反艰难，人见他也客气，店铺也不说要现钱。而阿Q总觉得自己太失意；既然革了命，不应该只是这样的。况且有一回看见小D，愈使他气破肚皮了。（《呐喊》，页一七〇）

他在钱府里被赶出的情形，更狼狈了：

> “滚出去！”洋先生扬起哭丧棒来了。
>
> 赵白眼和闲人们便都吆喝道：“先生叫你滚出去，你还不听么！”
>
> 阿Q将手向头上一遮，不自觉的逃出门外；洋先生倒也没有追。他快跑了六十多步，这才慢慢的走，于是心里

便涌起了忧愁：洋先生不准他革命，他再没有别的路，从此决不能望有白盔白甲的人来叫他，他所有的抱负、志向、希望、前程，全被一笔勾销了。至于闲人们传扬开去，给小D、王胡等辈笑话，倒是还在其次的事。

他似乎从来没有经验过这样的无聊。他对于自己的盘辫子，仿佛也觉得无意味，要侮蔑；为报仇起见，很想立刻放下辫子来，但也没有竟放。他游到夜间，赊了两碗酒，喝下肚去，渐渐的高兴起来了，思想里才又出现白盔白甲的碎片。（《呐喊》，页一七四）

“很容易闹脾气了”，“没有经验过这样的无聊”，这都是多么了解的话！被损害与侮辱了的人物，常在俄国革命前期的小说里出现着的，现在又出现于鲁迅的笔底下了。

到了阿Q的故事快要结局的时候，鲁迅的笔却越发沉痛下去，那从容的技巧，一变而更加端庄、严肃起来：

“我……我……不认得字。”阿Q一把抓住了笔，惶恐而且惭愧的说。

“那么，便宜你，画一个圆圈！”

阿Q要画圆圈了，那手捏着笔却只是抖。于是那人替他将纸铺在地上，阿Q伏下去，使尽了平生的力画圆圈，他生怕被人笑话，立志要画得圆，但这可恶的笔不但很沉重，并且不听话，刚刚一抖一抖的几乎要合缝，却又向外一耸，画成瓜子模样了。

阿Q正羞惭自己画得不圆，那人却不计较，早已掣了纸笔去，许多人又将他第二次抓进栅栏门。（《呐喊》，页一八一）

一个人而立意要好，一个人而不愿意受人奚落，这是人性，无论他知识多么不够，无论他愚昧到什么程度，那是环境的事，人还是人，人们在灵魂的深处，终有相同而且相通的所在。阿Q一定要画圆，可是画不圆，别人又不许他有余裕可以画圆，甚而也没看见他有要画圆之心，这是大可哀的，在一切匆促的，机械的，灰色的人生里，人不知有多少愿望是这样摧残和抹杀了，因为有一种普遍感，所以人能够在其中仿佛吸取一点自己的安慰，而被感动着。阿Q就要杀，于是先示众：

他省悟了，这是绕到法场去的路，这一定是“嚓”的去杀头。他惘惘的向左右看，全跟着蚂蚁似的人，而在无意中，却在路旁的人丛中发现了一个吴妈。很久违，伊原来在城里做工了。阿Q忽然很羞愧自己没志气：竟没有唱几句戏。他的思想仿佛旋风似的在脑里一回旋：《小孤孀上坟》欠堂皇，《龙虎斗》里的“悔不该……”也太乏，还是“手执钢鞭将你打”罢。他同时将手一扬，才记得这两手原来都捆着，于是“手执钢鞭”也不唱了。（《呐喊》，页一八四）

这是多么沉痛的景况，以后：

“过了二十年又是一个……”阿Q在百忙中，“无师自通”的说出半句从来不说的话。

“好！！！”从人丛里，便发出豺狼的嗥叫一般的声音来。

车子不住的前行，阿Q在喝采声中，轮转眼睛去看吴妈，似乎伊一向并没有见他，却只是出神的看着兵们背上的洋炮。

阿Q于是再看那些喝采的人们。

这刹那中，他的思想又仿佛旋风似的在脑里一旋转了。四年之前，他曾在山脚下遇见一只饿狼，永是不近不远的跟定他，要吃他的肉。他那时吓得几乎要死，幸而手里有一柄斫柴刀，才得仗这壮了胆，支持到未庄；可是永远记得那狼眼睛，又凶又怯，闪闪的像两颗鬼火，似乎远远的来穿透了他的皮肉。而这回他又看见从来没有见过的更可怕的眼睛了，又钝又锋利，不但已经咀嚼了他的话，并且还要咀嚼他皮肉以外的东西，永是不远不近的跟他走。（《呐喊》，页一八五）

这就凄然而且荒凉了！结束了阿Q一生的舆论却是：

……在未庄是无异议，自然都说阿Q坏，被枪毙便是他的坏的证据，不坏又何至于被枪毙呢？而城里的舆论却不佳，他们多半不满足，以为枪毙并无杀头那般好看；而且那是怎样一个可笑的死囚呵，游了那么久的街，竟没有唱一句戏：他们白跟一趟了。（《呐喊》，页一八七）

社会对阿Q是那么残酷，冰冷，丝毫同情没有，生时如彼，死后亦如此，可是鲁迅对他的无限同情，却就正在这判然若揭的对照中显示出来了。

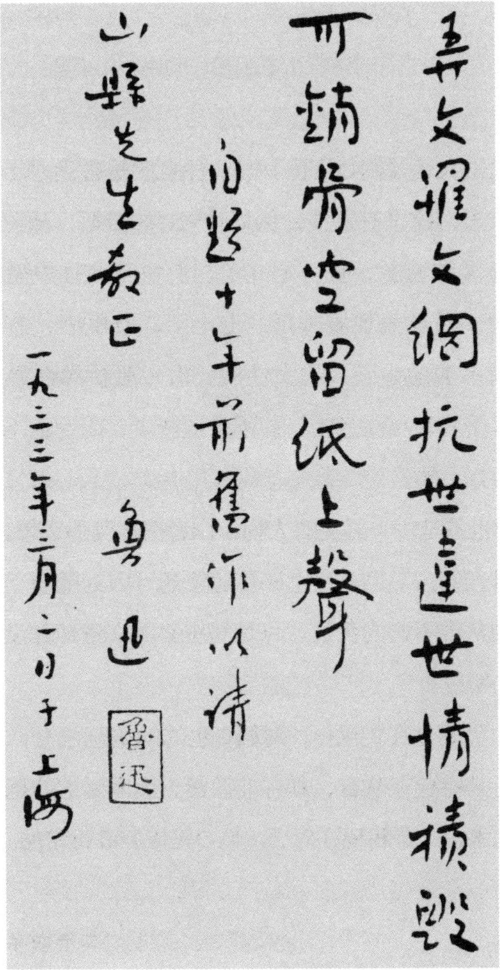
弄文罹文网
抗世违世情
积毁可销骨
空留纸上声
自题十年前旧作以请
山县先生教正
鲁迅
鲁迅
一九三三年三月二日于上海

鲁迅《题〈呐喊〉》诗

（五）

在往常我读《阿Q正传》时，注意的是鲁迅对于一般的国民性的攻击，这里有奴性，例如让阿Q站着吧，却还是乘势改为跪下（《呐喊》，页一七九）。有快意而且惶恐，这是在赵家被抢之后就表现着（页一七七），有模糊，有残忍，有卑怯，有一般的中国人的女性观，有一般执拗而愚的农民意识……可是我现在注意的，却不是这些了，因为这不是作者所主要的要宣示的。

阿Q也不是一个可笑的人物，作者根本没那么想。

当时作者去写阿Q，也许是随便的，因为随便，所以才有那特有的从容不迫的优长。可是写出来的文章却并没有一点失却不苟的所在。

的的确确是在传阿Q，对阿Q也的的确确没有讽刺而是无限同情，其特色在从容，却并非散漫，因而是的的确确一篇最完整的艺术，这是我现在对于《阿Q正传》敢肯定的。

二十四年六月十日

Ⅲ　鲁迅作品中的抒情成分

（一）

广泛的讲，鲁迅的作品可说都是抒情的。别人尽管以为他的东西泼辣，刻毒，但我以为这正是浓重的人道主义的别一面目，和热泪的一涌而出，只不过隔一层纸。

现在要将我认为那八篇最成功的文艺创作中之其余的四篇来谈谈，这和《孔乙己》，《风波》，《阿Q正传》和《离婚》一个显然不同的地方，就是他把他的情感在这里是更直接的，更畅快的，更毫无遮掩的，流露给读者了。

方便的说法，就是这四篇：《故乡》，《社戏》，《祝福》和《伤逝》，乃是更清清楚楚地代表一种主观的、伤感的、浪漫气氛的东西。已经论过的那四篇，却是较为客观的，也就是写实的气氛大些的。再不惮烦了说，就是，已经论过的四篇东西，其情感的成分，是我们读了全文而后感到的，这四篇却是明明白白由作者告诉给我们了。

已经说过的一句话，我再重复一遍，凡是完整的艺术品，是不能再分高下的了，所以，这四篇的写法，与那四篇不同是不同，然而我并无所轩轾于其间。

（二）

像在《风波》《阿Q正传》《离婚》里，写农民态度似的，在《故乡》里并没有两样，就是：真。他写那“张着两脚，正像一个画圆仪器里细脚伶仃的圆规”的杨二嫂，在作者略露忘却之意之后，那所谓“豆腐西施”的杨二嫂便冷笑了。

> “忘了？这真是贵人眼高……”
>
> “那有这事……我……”我惶恐着，站起来说。
>
> “那么，我对你说。迅哥儿，你阔了，搬动又笨重，你还要什么这些破烂木器，让我拿去罢，我们小户人家，用得着。”
>
> “我并没有阔哩，我须卖了这些，再去……”
>
> “阿呀呀，你放了道台了，还说不阔？你现在有三房姨太太；出门便是八抬的大轿，还说不阔？吓，什么都瞒不过我。”
>
> 我知道无话可说了，便闭了口，默默的站着。
>
> “阿呀阿呀，真是愈有钱，便愈是一毫不肯放松，

愈是一毫不肯放松，便愈是有钱……”圆规一面愤愤的回转身，一面絮絮的说，慢慢向外走，顺便将我母亲的一副手套塞在裤腰里，出去了。（《呐喊》，页一〇二，一〇三）

这是真的农民！农民最关心张家长、李家短，最好数算别人的兴衰、出入，倘若在事实上并不知道时，便自己凭空捏造，却又信以为真，愤愤之心常是有的，顺便拿东西，更是常事，所有这些地方，都是农民的真正面目，因为是真正面目，所以我不以为是侮辱。老舍一句话最对，他说：“穷人的狡猾也是正义”（见《礼物》一诗），这真是知道穷人的苦楚的话。我认为对于所有在物质上失了保障的人类所犯的一切过失，皆应当作如是观。鲁迅却不虚伪造作，所以可赞称。

并且，鲁迅承认自己和农民有一层隔膜，他也如实地说出来：

……我想：我竟与闰土隔绝到这地步了，但我们的后辈还是一气，宏儿不是正在想念水生么。我希望他们不再像我，又大家隔膜起来……然而我又不愿意他们因为要一气，都如我的辛苦展转而生活，也不愿意他们都如闰土的辛苦麻木而生活，也不愿意都如别人的辛苦恣睢而生活。他们应该有新的生活，为我们所未经生活过的。（页一一〇）

所以我说是态度真。同时，在鲁迅有一种不可掩的虚无的感觉，在文字的最后是流露出来了：

我想到希望，忽然害怕起来了。闰土要香炉和烛台的时候，我还暗地里笑他，以为他总是崇拜偶像，什么时候都不忘却。现在我所谓希望，不也是我自己手制的偶像么？只是他的愿望切近，我的愿望茫远罢了。

我在朦胧中，眼前展开一片海边碧绿的沙地来，上面深蓝的天空中挂着一轮金黄的圆月。我想：希望是本无所谓有，无所谓无的。这正如地上的路，其实地上本没有路，走的人多了，也便成了路。（页一一一）

这是诗人的抒情，整篇文字，是在情绪里，对农民，是在悯怜着，对自己，却在虚无，而且伤感着。全文字是止于如此的。止于如此，却并不坏，因为态度真，所以成其为艺术。

像鲁迅这样的创作，因为情绪的，是凭感觉的，所以反倒很灵敏的写出此后更加普遍了的不景气的气息来，关于闰土吧：

> 我问问他的景况，他只是摇头。
>
> “非常难。第六个孩子也会帮忙了，却总是吃不够……又不太平……什么地方都要钱，没有定规……收成又坏。种出东西来，挑去卖，总要捐几回钱，折了本；不去卖，又只能烂掉……”（页一〇六）

写这种生活之苦，是此后作家更惯常的题材了，可是别人总多少加入了点理智，社会的意义容或是有了，不过充其量，是一如一篇社会调查的新闻稿之有着社会的意义而已，艺术的价值却是被削夺了。艺术得任情感，又难得有鲁迅那样的笔力，把他的情感可以达出来。他在记闰土的话之后，形容闰土：

> 他只是摇头，脸上虽然刻着许多皱纹，却全然不动，仿佛石像一般。他大约只是觉得苦，却又形容不出，沉默

了片时，便拿起烟管来默默的吸烟了。

笔力很够很够的。他凭情感所摄到的印象，也都极其活泼，即如小小的地方："我躺着，听船底潺潺的水声，知道我在走我的路"，也那末亲切，令人读了有咀嚼不尽的余味在。

（三）

文字特别有一种舒畅之感的，就是讲祥林嫂的故事的《祝福》。主要的故事，只有两点，一是再嫁，一是丧子。在这冷酷的礼教的束缚下，再嫁（虽然是不得已的再嫁）已成了受侮辱的根由，同时因为一般人的冷漠和没有同情，丧子却并不能获得人们的悲悯，结果是祥林嫂在听了"也许有灵魂"的论调之后死了，究竟是去找她的被狼衔去了的儿子阿毛呢，还是觉得捐了门槛，任人踏跨，也仍不能赎罪，因而早去阴间自首，希图减判呢，这我们就不得而知了，反正大概是自杀。

祥林嫂的死，是死于礼教的压迫和人间的荒凉。她自从嫁了人以后，再到鲁四老爷的地方做工，祭祀的东西，是不准她摆动了，她捐了门槛，也还是不许。她无以自容了，所以不能

《祝福》(斯诺译本，香港齿轮编译社版)

不死。

她很难忘怀于自己儿子的丧亡，所以见了人，便以“我真傻”的话开头，以引起说明自己不知道春天也有狼的疏忽。可是人们是浅薄的，在起初还能听下去，大概当新闻，随后就不耐烦起来，她用种种新方法，想开始她的故事，然而都是枉然。自然，“她未必知道她的悲哀经大家嚼咀赏鉴了许多天，早已成为渣滓，只值得厌烦和唾弃了”，可是，“从人们的笑影上，也仿佛觉得这又冷又尖”，所以，“自己再没有开口的必要了”，那深切而沉重的悲哀只有埋在心里了。此后，她却仍情不自禁，却仍要说：

“唉唉，我真傻，”祥林嫂看了天空，叹息着，独语似的说。

可是那反应，却是兴趣宁在别一方面：

“祥林嫂，你又来了。”柳妈不耐烦的看着她的脸，说。“我问你：你额角上的伤疤，不就是那时撞坏的么？”

“唔唔，”她含糊的回答。

“我问你：你那时怎么后来竟依了呢？”

“我么？……”

“你呀。我想：这总是你自己愿意了，不然……”

“阿呀，你不知道他力气多末大呀。”

“我不信。我不信你这末大的力气，真会拗他不过。你后来一定是自己肯了，倒推说他力气大。”

"呵呵，你……你倒自己试试看。"她笑了。（《彷徨》，页二七）

这痛苦万分，又无可奈何的笑！人间的同情，是像纸样的薄，这故事给人的氛围，又是悲哀而且荒凉的。——祥林嫂不能不死了。

统一了所有鲁迅小说中的人物的吧，是被人奚落着，讽嘲着，咀嚼着灵魂的弱者，祥林嫂又不是例外。像祥林嫂这样的人物，只有痛苦是家产，别的么，是一无所有的。题目所谓"祝福"，却是祝福着祥林嫂以外，而给祥林嫂以迫害的人物。

在这篇文字中，愤恨是掩藏了，伤感也隐忍着，可是抒情的气息，却弥漫于每一个似乎不带情感的字面上。

（四）

比较更纯粹的抒情文字，却是《伤逝》。《伤逝》作于一九二五年，是鲁迅最成功的一篇恋爱小说，其中有对于女性最深切的了解，有对于自己最明晰的自剖，有以那最擅长抒情的笔，所写了的最真实的"寂静和空虚"之感。像《阿Q正传》可以代表鲁迅写农民的故事似的，《伤逝》可以代表鲁迅的一切抒情的制作。

无疑地，这篇托名为涓生的手记，就是作者的自己，因为，那个性，是明确的鲁迅的个性故。他一种多疑、孤傲、倔强和深文周纳的本色，表现于字里行间。在书中，涓生和子君刚刚同居，子君是“和她的叔子，早经闹开，至于使他气愤到不再认她做侄女”了，而涓生，却也记道：“我也陆续和几个自以为忠告，其实是替我胆怯，或者竟是嫉妒的朋友绝了交”（《彷徨》，页一八五），看这末清楚，而至于刻画的地步，这是鲁迅！一种常感到奚落，讽嘲的压迫，也是鲁迅所特有的，在文中记叙常到通俗图书馆的情形道：“好在我到那里去也并非为看书。另外时常还有几个人，多则十余人，都是单薄衣裳，正如我，各人看各人的书，作为取暖的口实。这于我尤为合式。道路上容易遇见熟人，得到轻蔑的一瞥，但此地却决无那样的横祸，因为他们是永远围在别的铁炉旁，或者靠在自家的白炉边的”（页一九七）。特别不能忘怀于别人的轻蔑，这是鲁迅！后来涓生愿意和子君别去，因为子君在生活上并不奋斗了，只给涓生以失望和痛苦，这时涓生又记道：“我和她闲谈，故意地引起我们的往事，提到文艺，于是涉及外国的文人，文人的作品：《诺拉》，《海的女人》。称扬诺拉的果决……也还是去年在会馆的破屋里讲过的那些话，但现在已经变成空虚，从我的嘴传入自己的耳中，时时疑心有一个隐形的坏孩子，在背后恶意地刻毒地学舌”（页二〇一），在失望的忧虑中，有一种倔强之态，这是鲁迅！多末真切的一篇记录。

鲁迅的中心思想，也在这篇记录里，流露得最清楚。我一再说过，他的中心思想，是生物学的人生观，涓生自责，“待到孤身枯坐，回忆从前，这才觉得大半年来，只为了爱，——盲目的爱，——而将别的人生的要义全盘疏忽了。第一，便是生活。人必生活着，爱才有所附丽”（页一九七），涓生责备子君，也是：“她早已什末书也不看，已不知道人的生活的第一着是求生，向着这求生的道路，是必须携手同行，或奋身孤往的了，倘使只知道搥着一个人的衣角，那便是虽战士也难于战斗，只得一同灭亡”（页二〇〇）。人先得活着，这是鲁迅的思想的根本点。

不过，鲁迅在情绪和理智上意志上的冲突也还是有的。涓生记的：“新的生路还很多，我必须跨进去，因为我还活着”，这是他的意志；继而说：“但我还不知道怎样跨出那第一步”，这就是他的理智并不足以解决他的出路了；随后终于说：“有时，仿佛看见生路就像一条灰白的长蛇，自己蜿蜒地向我奔来，我等着，等着，看看临近，但忽然便消失在黑暗里了”（页二一二），这乃是他的情感。他这时的情感，就是篇中屡屡提及的“寂静和空虚”。

他在这篇文章里写“寂静和空虚”是太好了，一如表现于他别的文章中的。子君决不再来了，涓生所有的是“寂静和空虚”：

> 子君不在我这破屋里时，我什末也看不见。在百无聊赖中，随手抓过一本书来，科学也好，文学也好，横竖什么都一样；看下去，看下去，忽而自己觉得，已经翻了十多页了，但是毫不记得书上所说的事。只是耳朵却分外地灵，仿佛听到大门外一切往来的履声，从中便有子君的，而且橐橐地逐渐临近，——但是，往往又逐渐渺茫，终于消失在别的步声的杂沓中了。我憎恶那不像子君鞋声的穿布底鞋的长班的儿子，我憎恶那太像子君鞋声的常常穿着新皮鞋的邻院的搽雪花膏的小东西！（页一七七）

在子君才走时，是子君的父亲接去的，涓生回来才知道，他起初听了，当然不信：

……但是屋子里是异样的寂寞和空虚。我遍看各处，寻觅子君；只见几件破旧而黯淡的家具，都显得极其清疏，在证明着它们毫无隐匿一人一物的能力。我转念寻信或她留下的字迹，也没有；只是盐和干辣椒，面粉，半株白菜，却聚集在一处了，旁边还有几十枚铜元。这是我们两人生活材料的全副，现在她就郑重地将这留给我一个人，在不言中，教我借此去维持较久的生活。

我似乎被周围所排挤，奔到院子中间，有昏黑在我的周围；正屋的纸窗上映出明亮的灯光，他们正在逗着孩子玩笑。我的心也沉静下来，觉得在沉重的压迫中，渐渐隐约地现出脱走的路途：深山大泽，洋场，电灯下的盛筵，壕沟，最黑最黑的深夜，利刃的一击，毫无声响的脚步……（页二〇六）

终归是，寂静和空虚，本来涓生和子君开始同居的时候，不过是在乐观的幻想中，他说：“知道中国女性，并不如厌世家所说的那样无法可施”（页一〇八），而且：“‘我是我自己的，他们谁也没有干涉我的权利！’这彻底的思想，就在她的脑里，比我还透彻，坚强得多”（页一八一），然而，慢慢情景不同起来了，在理想中的女性，是慢慢移到现实上去了，家庭也终于是家庭：

> 做菜虽不是子君的特长，然而她于此却倾注着全力；对于她的日夜的操心，使我也不能不一同操心，来算作分甘共苦。况且她又这样地终日汗流满面，短发都粘在脑额上；两只手又只是这样地粗糙起来。
>
> 况且还要饲阿随，饲油鸡……都是非她不可的工作。
>
> 我曾经忠告她：我不吃，倒也罢了；却万不可这样地操劳。她只看了我一眼，不开口，神色却似乎有点凄然，我也只好不开口。然而她还是这样地操劳。（页一八八）

是那末平凡，琐屑，细腻，以后更糟了！

> 加以每日的"川流不息"的吃饭，子君的功业，仿佛就完全建立在这吃饭中。吃了筹钱，筹来吃饭，还要喂阿随，饲油鸡；她似乎将先前所知道的全都忘掉了，也不想到我的构思就常常为了这催促吃饭而打断。（页一九三）

子君可说完全被证明是一个太平凡的女子了，注意的也那末小：

……菜冷，是无妨的，然而竟不够；有时连饭也不够，虽然我因为终日坐在家里用脑，饭量已经比先前要减少得多。这是先去喂了阿随了，有时还并那近来连自己也轻易不吃的羊肉。她说，阿随实在瘦得太可怜，房东太太还因此嗤笑我们了，她受不住这样的奚落。（页一九四）

阿随是他们自庙会里买来的叭儿狗。再以后，涓生就不能不承认子君的浅薄了：

我终于从她言动上看出，她大概已经认定我是一个忍心的人。其实，我一个人，是容易生活的，虽然因为骄傲，向来不与世交来往，迁居以后，也疏远了所有旧识的人，然而只要能远走高飞，生路还宽广得很。现在忍受着生活压迫的苦痛，大半倒是为她，便是放掉阿随，也何尝不是如此。但子君的识见却似乎只是浅薄起来，竟至于连这一点也想不到了。

我拣了一个机会，将这些道理暗示她；她领会似的点头。然而看她后来的情形，她是没有懂，或者是并不相信

的。（页一九六）

幻想完全破灭了，涓生得了结论：

我以为将真实说给子君，她便可以毫无顾虑，坚决地毅然前行，一如我们将要同居时那样。但这恐怕是我错误了。她当时的勇敢和无畏是因为爱。（页二〇七）

女性在理智上，意志上的脆弱，恐怕如男性在情感上的单薄，不能专一一般，是一种永远的缺陷的吧，所以我说鲁迅这篇小说有对于女性最深切的了解。

这样一个理想而幻灭了的子君，不错，使涓生寂静和空虚是有的，但这悲哀却不会使涓生不能生活下去，因为涓生，也就是作者鲁迅自己，有的是高傲和倔强，用这他可以支持着一切奚落和嗤笑，并且任何寂寞之苦。况且他有根本的人生观，是生物学的，大前提在人得肯定生活，所以他有的是适应生活的方法：

我要向着新的生路跨进第一步去，我要将真实深深地藏在心的创伤中，默默地前行，用遗忘和说谎做我的前

导……（页二一三）

然而，我愿意终于归结到文章上去了，鲁迅的笔根本是长于抒情的，虽然他不专在这方面运用它：在他的抒情的文字中，尤其是长于写寂寞的哀感，所以“伤逝”这题材是再适合没有了，因而也就无怪乎是他的完整的艺术品之一了。

（五）

《社戏》的抒情是另一种，乃是写的有趣的童心。他讲的那末亲切，例如他说起初不能去看戏的光景吧，他说：

> 总之，是完了。到下午，我的朋友都去了，戏已经开场了，我似乎听到锣鼓的声音，而且知道他在戏台下买豆浆喝。（《呐喊》，页二四三）

这一天他不钓虾，也很少吃东西，结果使“母亲很为难”，这活活是小孩子使气的光景。后来允许他去了，写得依然那末栩栩欲生，就使我们如生活于其中的一般：

我的很重的心忽而轻松了，身体也似乎舒展到说不出的大。一出门，便望见月下的平桥内泊着一只白篷的航船，大家跳下船，双喜拔前篙，阿发拔后篙，年幼的都陪着我坐在舱中，较大的聚在船尾。母亲送出来吩咐“要小心”的时候，我们已经点开船，在桥石上一磕，退后几尺，即又上前出了桥。于是架起两枝橹，一枝两人，一里一换，有说笑的，有嚷的，夹着潺潺的船头激水的声音，在左右都是碧绿的豆麦田地的河流中，飞一般径向赵庄前进了。（页二四四）

我们真也不禁轻松起来。他真会形容：

两岸的豆麦和河底的水草所发散出来的清香，夹杂在水气中扑面的吹来；月色便朦胧在这水气里。淡黑的起伏的连山，仿佛是踊跃的铁的兽脊似的，都远远地向船尾跑去了，但我却还以为船慢。（页二四五）

全文的长处，就是亲切。他和那些小朋友们看戏，最怕老旦出来，尤其怕老旦坐下唱，可是老旦终于出来了，并且也真的坐下了，后来一抬手，以为要起来走掉，然而又慢慢的坐下，还是在唱。他写这时那些孩子们不耐烦的光景，令我们都可以回忆起童年，唤起我们在依稀的童年中的同感。

《社戏》不是小说，乃是纯粹的美妙的散文。亲切、调和、真实，使人纵然勾起逝去的童心的怅惘，然而却是舒服的。

《故事新编》（前进出版社版）

文字的最后说，再没有看过那夜似的好戏，再没有吃过那夜似的好豆，不过，我们却得下一转语了，就是我们却有了一篇永远耐读的好文章。像《孔乙己》，《风波》，《阿Q正传》，《离婚》之写农民一样，像《故乡》，《祝福》，《伤逝》之写伤感一样，《社戏》之写轻巧、松散的童心，同样是不朽的。

在这八篇东西里，我们找不出任何缺陷与不调和、不满足来，而且每一篇都触到人生的深处的一面，文字又那么从容，简洁，一无瑕疵，所以我认为这是鲁迅文艺创作中之最完整的艺术。凡是一篇文章，有些好处，而又有坏处，或者纵无坏处，而通体上平凡，肤浅的，我都称之为失败之作。大凡失败之作，是可以加以褒贬，和高下的比较的，因为它不纯，它离完整的艺术有着不同的距离故。完整的艺术却是平等的。这八篇东西，就是一个适例了。所以我说，我无所轩轾于其间。

廿四年六月十三日

Ⅳ　鲁迅在文艺创作上的失败之作

（一）

我觉得鲁迅有几篇东西，却写得特别坏，坏到不可原谅的地步。

在《呐喊》里，是《头发的故事》，《一件小事》，和《端午节》，在《彷徨》里，是《在酒楼上》，《肥皂》和《弟兄》。

这些作品之所以坏，是有原故的，虽然不必是相同的原故。

有的是因为故事太简单，称之为小说呢，当然看着空洞；散文吧，又并不美，也不亲切，即便派作是杂感，也觉得松弛不紧凑，结果就成了“嘛也不是”的光景，《一件小事》和《头发的故事》都属之。

有的是因为利用一个人的独白，述说一个人的经历，结果就往往落单调，典型的例是《在酒楼上》；而上面说的《头发的故事》也是的。我们看作者，是未尝不想时时去掉那种单调的，可是往往并不成功。在《头发的故事》里，在N的谈话中间，夹上“N忽然现出笑容，伸手在自己头上一摸”，才“高声说”如何如何（《呐喊》，页六九），在《在酒楼上》，作者更不惜用种种花样，形容他小说中的主人公吕纬甫的谈话，一则“他又喝干一杯酒，看着窗外，说”什么什么（《彷徨》，页四〇），再则“他又掏出一支烟卷来，衔在嘴里，点了火”（页四三），才又说什么什么，并且：

> 窗外沙沙的一阵声响，许多积雪从被他压弯了的一枝山茶树上滑下去了，树枝笔挺的伸直，更显出乌油油的肥叶和血红的花来。天空的铅色来得更浓；小鸟雀啾唧的叫着，大概黄昏将近，地面又全罩了雪，寻不出什么食粮，都赶早回巢来休息了。
>
> “一直到了济南，”他向窗外看了一回，转身喝干一杯酒，又吸几口烟，接着说……（页四六）

说什么什么，怎么样呢，还是单调。

故事简单，是材料的问题，独白而落于单调，是手法的问题。这都不是根本，根本是，鲁迅更宜于写农村生活，他那性格上的坚韧，固执，多疑，文笔的凝练，老辣，简峭都似乎不宜于写都市。写农村，恰恰发挥了他那常觉得受奚落的哀感，寂寞和荒凉，不特会感染了他自己，也感染了所有的读者。同时，他自己的倔强，高傲，在愚蠢，卑怯的农民性之对照中，也无疑给人们以兴奋与鼓舞。都市生活却不同了，它是动乱的，脆弱的，方面极多，局面极大，然而松，匆促，不相连属，像使一个乡下人之眼花缭乱似的，使一个惯于写农民的灵魂的作家，也几乎不能措手。在鲁迅写农民时所有的文字的优长，是从容，幽默，带着抒情的笔调，转到写都市的小市民，却就只剩下沉闷、松弱和驳杂了。《端午节》，《肥皂》和《弟兄》，都是的。

《端午节》，沉闷又平庸，文字先不起劲：

然而政府竟又付钱，学校也就开课了。但在前几天，却有学生总会上一个呈文给政府，说："教员倘若不上课，便不要付欠薪。"这虽然并无效，而方玄绰却忽而记起前回政府所说的"上了课才给钱"的话来，"差不多"这一个影子在他眼前又一晃，而且并不消灭，于是他便在课堂上公表了。

准此，可见如果将"差不多说"锻炼罗织起来，自然也可以判作一种挟带私心的不平，但总不能说是专为自己

> 做官的辩解。只是每到这些时，他又常常喜欢拉上中国将来的命运之类的问题，一不小心，便连自己也以为是一个忧国的志士：人们是每苦于没有“自知之明”的。（《呐喊》，页一九四）

让人懒得看下去。《肥皂》的毛病则在故意陈列复古派的罪过，条款固然不差，却不能活泼起来。《弟兄》就写得毫无意思。

（二）

失败的作品不一定是最坏的作品。正相反，它有些坏处，却又有些好处。艺术得要求完整，这类作品却是必不能完整的，所以称之为失败之作。

《示众》是一例。我们在这末个短的片段里，很看出作者的才能，文字先是可读的，也确乎是在意识着写文章：

> 远处隐隐有两个铜盏相击的声音，使人忆起酸梅汤，依稀感到凉意，可是那懒懒的单调的金属音的间作，却使那寂静更其深远了。（《彷徨》，页一〇九）

写人们的模糊，仍似乎是写的阿Q，却比写阿Q似乎更细致许多，表现了不少更生动的写生本领；然而，这终于是一个片断，单调而缺乏一个重心，倘若在写一篇更大的作品时用上，当然是很精彩的一个片段的，单单摘出了，却不免显着拔根去叶的可怜状。

《高老夫子》又是一个例，他形容高老夫子第一次登台讲书，确乎好，纵然被人抄了许多次，作为例证，我也仍然情不自禁，再抄一回：

> 他不禁向讲台下一看，情形和原先已经很不同：半屋子都是眼睛，还有许多小巧的等边三角形，三角形中都生着两个鼻孔，这些连成一气，宛然是流动而深邃的海，闪烁地汪洋地正冲着他的眼光。但当他瞥见时，却又骤然一闪，变了半屋子蓬蓬松松的头发了。（《彷徨》，页一三一）

这确乎好。可是他有时讽刺太过，太露骨，变成了浅薄，像瑶圃之介绍高老夫子：

> 这位就是高老师，高尔础高老师，是有名的学者，那

一篇有名的《论中华国民皆有整理国史之义务》，是谁都知道的。《大中日报》上还说过，高老师是：骤慕俄国文豪高君尔基之为人，因改字尔础，以示景仰之意。斯人之出，诚吾中华文坛之幸也！（页一二九）

以惯于和女仙赠答的瑶翁，是不会这末说的，这无疑是作者的讽刺，而托之于瑶翁，多末不相称，多末失却了文艺的真实感，多么浅薄！所以这篇是不完整的。以内容论，这篇只是在暴露那维持风化者和整理国故者的真面目，充其量，是一幅卡通，并没有更深刻的意义，原不是像《阿Q正传》那样道着了农民的灵魂，人类的缺陷，或《伤逝》那样描写了寂寞和奋斗的心情，以及现代女性之根本的弱点的完整的艺术可比。

再一个例是《孤独者》。《孤独者》在末尾几句抒情的笔调是颇好的，通体上却沉闷，而无生气，在第三段，记叙和连殳的对话，又落了如在《在酒楼上》的对话的那样单调，作者依然用方法来补救，于是在话的中间，插入：

灯火销沉下去了，煤油已经将涸，他便站起，从书架上摸出一个小小的洋铁壶来添煤油。

“只这一月里，煤油已经涨价两次了……”他旋好了

灯头，慢慢地说。（《彷徨》，页一五八）

于是，才长篇大套的续说下去。不过让人们一意识到是故意要借以去掉那冗长的谈话之单调时，却越发显出单调来了。

单有坏处，而没有好处，固然是失败之作，有些好处，又有坏处，而不完整，也是失败之作。

（三）

又有的作品，坏处似乎很少了，然而通体上平凡，当然不是好作品，在《彷徨》里的《幸福的家庭》即是一个例。

《呐喊》里，《白光》，《兔和猫》，纵然比《幸福的家庭》文字简洁了，但是总很少有出色的地方，也得算是落了平凡的。

好的作品是不能比较的。好的作品是彼此平等的。《兔和猫》与《鸭的喜剧》，就同是写生命的伤亡。而前者不及后者的松散，含蓄，而有诗趣，其中有一种等级之差，所以《兔和猫》不是最好的艺术品。

《白光》不十分从容，在叙说陈士成后来决心要到山里去的时候，文字又有点太简了，几乎陷入晦涩。——至少我以为是可以不必如此的。

《药》是一篇没有毛病的好作品，假如结束不那么潦草。总之，我认为这些都失败了。

（四）

仅次于我所谓那八篇最完整的艺术品的，却是《狂人日记》，《明天》，《鸭的喜剧》，和《长明灯》。它们为什么比那八篇次一点，这分别是很微细的，倘若让我说一句似乎没有道理的话，则是凭我们审美的感觉上，就觉得它们不如。我知道这样说话，是不能被普通的读者邀准的，我于是只得加以解释：

大抵在《狂人日记》，是因为内容太好了，技巧上似乎缺少的是结构；《长明灯》就仿佛浅露一些，虽然相当的巧；《明天》和《鸭的喜剧》，则技巧极到，反而惹起我们对于内容的贪婪来，于是感觉这两篇的单薄。

在这四篇之中，又有三篇是写农村的，那么，鲁迅的长处的所在，聪明的读者是可以相信的了。

二十四年七月五日

四　鲁迅之杂感文

（一）

我常这样想，一个人的作品，在某一方面最多的，就往往证明是一个人的天才的所在。往古的例子多极了，李白，杜甫，便是在诗的方面特别多的，所以他们是诗家；反之，韩愈，柳宗元，乃是在散文的方面特别多的，所以他们是散文家。这原故很简单，天才的所在，乃是他最容易表现的所在，当然这方面就会表现的多起来。

倘若我们试一检讨鲁迅的著述的话，则在四十册上下的数目中，有一半是翻译，下剩的除了三四册纂辑的古书，一本小说史，两本仅有的创作小说，就是杂感集了。鲁迅的杂感集，自一九一八年写的《热风》为始，没有一年停过笔，到现在止，是在十余册以上了，就中正式的杂感集便有

《朝花夕拾》(1928 年未名社初版)

九个，这是《热风》，《华盖集》，《华盖集续编》，《而已集》，《三闲集》，《二心集》，《南腔北调集》，《伪自由书》，《准风月谈》；包括了杂感论文，合而为一，但大部仍是杂感的，是《坟》；名为诗，其实不过是凝练的杂感的，是《野草》；名为散文，其实依然不过是在回忆之中杂

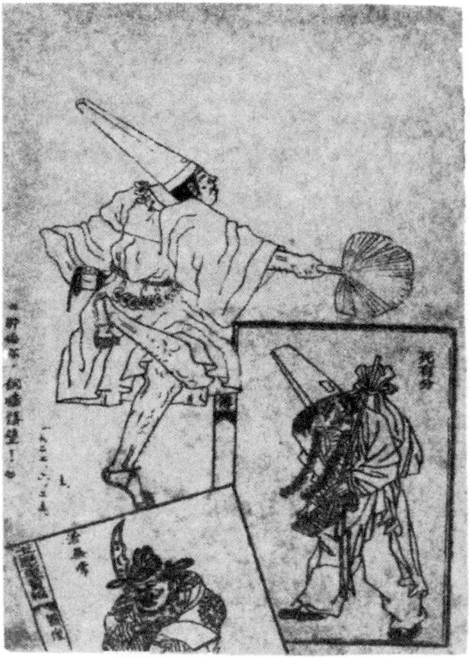

鲁迅绘制的《朝花夕拾·无常》插图

了抒情成分的杂感的，是《朝花夕拾》；为鲁迅自已所有意或无意删却，又经别人集起来，称为《集外集》的，其中有几首诗，有几则编辑后记，但大部分，也还是杂感。

鲁迅在有的机会很不乐意人称他为杂感家（《而已集》，页五四），后来还特地把这件事记忆着（《三闲集》，序言页一），但我看他所以厌憎这个称号，完全是因为这样称他的人是在一种鄙夷态度之下的，倘若心平气和的讲，鲁迅确乎很长于作“杂感”，也无妨称之为“家”。

就鲁迅自己而论，杂感是他在文字技巧上最显本领的所在，同时是他在思想情绪上最表现着那真实的面目的所在。就中国十七年来的新文学论，写这样好的杂感的人，真也还没有第二个。现作家之中，写杂感多的，没有超过鲁迅的，鲁迅自己的作品之中，为量之多，也没有超过他的杂感的。因此，我觉得有专把他的杂感论一论的必要了。

（二）

鲁迅的第一部杂感集《热风》（一九一八年——一九二四年），不用说，技巧还没到十分纯熟的地步。有不少文字，是平铺直叙的，话常是太直接，而且很多虽然是讽刺，却依然夹杂一些正面主张，这便往往成为减却力量的根源。

话虽如此，但很厉害的文章却也已经出现了，一篇是《来了》（页五四），一篇是《即小见大》（页一一五）。前者他说明中国人并无主义，中国人也接受不到什么主义，至于统治者则只有残暴，也无所谓主义，于是昭示于人的，便只有那种糊里糊涂地对于某一种主义的“来了”之感而已；后者他乃是从北京大学因为反对讲义收费风潮而开除了一个学生，却并没有为这一个牺牲者说什么话的事说起，而指出了在祭坛上沥血的，所留给大家者，实在只有“散胙”。在那样短小精悍的文章里，便已包括了对于愚昧的人们的怜悯和咒诅，对于残暴者的燃烧着的反抗的火焰，同时，对改革者之寂寞，迫害的同情，都一泄而出，大抵只有深刻的内容才可望有深刻的技巧的话，是证实在这儿了。

收在《坟》里的《论“费厄泼赖”应该缓行》，是另一篇好的讽刺文章。即在鲁迅的《坟》的后记里，也认为只有那论几个诗人的文章是可以推荐给读者的。好的文章总得从容，无论哀或乐，爱和憎，都不能例外。鲁迅之论“费厄泼赖”，生着气是无疑的，然而他从从容容地把落水狗分为三种，以为有自己落水者，有别人打落者，有亲自打落者，于是他说：“倘遇前二种，便即附和去打，自然过于无聊，或者竟近于卑怯；但若与狗奋战，亲手将其打落，则虽用竹竿又在水中从而痛打之，似乎也非已甚，不得与前二者同论”（页二八六）。他从打落水狗，说到打落水的叭儿狗，说到塌台人物之并非真是落水，在痛恨之中，他指示了改革者对于反改革者一种应有的警备，和彻底的战法，我想这一点恐怕永远是有用的吧，只要反改革者一旦还存在的话。试看他把这贡献给读者了，意义是多么隆重，而当时和章士钊、陈西滢的笔战也正酣，情势又是多么危急，可是那笔下竟是那么从容，所以我们又有了一篇好文章了：是雍雅、清晰而深沉的文章。

（三）

在一九二五年的杂感集《华盖集》，在一九二六年的杂感集《华盖集续编》，作风是有些不同了。比较更能够曲折，细微而刻画了，他的风格也到了确立的时期。

《华盖集》里好的杂感文是《牺牲谟》（页二七），《战士和苍蝇》（页三四），《捧与挖》（页一四五）。

《牺牲谟》是非常幽默的一篇讽刺，它是一幅愚妄的人们的自画像之代笔。愚妄者要别人牺牲，自己收实利；愚妄者有所作，得有好理由；愚妄者讲面子，讲风化，自己对一切责难，不雅，得逃掉。他赞成别人清高，但以为还穿着一条裤，就是一点白璧微瑕，最好呢，便是送给他的丫头。他有丫头，却不是人身买卖，乃是大旱灾时候留下的，不过与她父母几文钱罢了，为的免得卖入妓院，所以他是十分人道的。他要人家的裤子，但自己不下手拿了去，怕人们说他贪，所

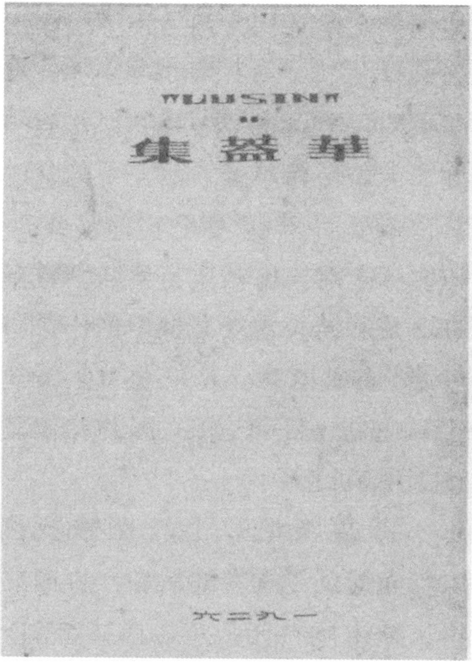

《华盖集》(1926年北新书局初版)

以得那人穿着爬了去，又不许爬烂了，还得爬得快，到门口的时候也不许停留，因为这人饿了九天了，怕死在那儿。他对乞丐，是让听差的痛打，因为乞丐不读书，不做工；他对他所要裤子的人，说本想用人力车送去，然而他不了，又是因为人力车不人道。最后是催人家快爬。愚妄者的面目多末清晰，毫发也可以算不遗了吧。《战士和苍蝇》则是像尼采作的那种短文，很直接，然而很有力量，他说苍蝇以为战士有缺点和创伤，“的确的，谁也没有发见过苍蝇的缺点和创伤”，然而，“有缺点的战士终竟是战士，完美的苍蝇也终竟不过是苍蝇”。所以，“去吧，苍蝇们！虽然生着翅，还能营营，总不会超过战士的。你们这些虫豸们！”笔底下的情感是很浓烈的。《捧与挖》是说中国人的奴性和惰性的，对于上官，只知道捧，越捧而他们的欲求越增大起来，这好像治河，堤是越来越高的，倒不如起初就来一个挖底的办法，鲁迅总是在提示人，对敌人是放松不得的。

《华盖集续编》里，则我认为《杂论管闲事，做学问，灰色等》，《有趣的消息》，以及三篇日记：《马上日记》，《马上支日记》，《马上日记之二》，四篇通信：《上海通信》，《厦门通信（一至二）》，《厦门通信（三）》，《海上通信》最成为杂感中完整的艺术。此外，载着的那首诗颇不坏。这时期最令他痛心的，当然是“三一八”的事件，这时他激昂极了，感情极盛极盛的，他有的是沉痛的咒语：

> 现在，听说北京城中，已经施行了大杀戮了。当我写出上面这些无聊的文字的时候，正是许多青年受弹饮刃的

时候。呜呼！

如果中国还不至于灭亡，则已往的史实教过我们，将来的事便要大出于屠杀者的意料之外——这不是一件事的结束，是一件事的开头。

墨写的谎说，决掩不住血写的事实。

血债必须用同物偿还。拖欠得愈久，就要付更大的利息！

以上都是空话。笔写的，有什么相干？

实弹打出来的却是青年的血。血不但不掩于墨写的谎语，不醉于墨写的挽歌；威力也压它不住，因为它已经骗不过，打不死了。（页八六——八九）

力量不能说没有，但统起来看，不是好的文章。同时，他写了不少好的文章，也依然因为情感太盛了，变为太质实，而失却了文字的巧。这时纪念“三一八”的牺牲刘和珍君的文章，是远不如后来那篇《为了忘却的记念》纪念柔石的文章的，这原故就在后者的执笔乃是距死者已经三年了，遂从容得多。只有从容，才能流利通畅，活泼跳动，这，也就是《杂论管闲事》和《有趣的消息》的好处。那些《日记》，虽然是杂感，然而非常冲淡，闲若无事的光景，那些《通信》，也因为是信笔所写，毫不矜持，反而有一种随时观照人生，颇为周详的趣味。鲁迅的诗，我不承认有好的，然而载在这《华盖集续编》里的一诗，我却认为是鲁迅惟一的好诗。

> 这半年我又看见了许多血和许多泪。
> 然而我只有“杂感”而已。
>
> 泪揩了，血消了；
> 屠伯们逍遥复逍遥，
> 用钢刀的，用软刀的，
> 然而我只有“杂感”而已。
>
> 连“杂感”也被“放进了应该去的地方”时，
> 我于是只有“而已”而已！

我不觉得这诗打油，我却觉得在内容上极其充实，在技巧上极其完整。

（四）

在鲁迅的作品里，形式略为奇怪，含义较为深邃，使一般人多少认为难懂的，是《野草》。在我觉得，本书的形式是很不纯粹的，有的固然写得很隐约了，有的却也很明显，《风筝》一篇，就是十分明显的例；大体上是深刻的，但也有的便

《风筝》波兰文版插图

颇肤浅，《好的故事》和《失掉的好地狱》，就是十分肤浅的例；甚而有的无聊，《我的失恋》可算一个例子。至于那种“墙外有两株树，一株是枣树，还有一株，也是枣树”（页一），我认为简直堕入恶趣。

我所以这样挑剔，实在因为爱好这本小书，实在因为拿出希望它是更完整的心思而然的。在这包括二十三篇短文的小书中，有七篇东西特别出色，这是：《影的告别》，《复仇其二》，《希望》，《立论》，《死后》，《这样的战士》和《淡淡的血痕中》。就中《复仇其二》，《死后》和《淡淡的血痕中》，我认为尤其占有艺术上最高的地位。

在《影的告别》里，是表现一篇向往和舍弃的，但却带上了一层甚深的悲哀的色彩，还有一种幽怨的光景，《影》在临了的话是：

> 我愿意这样，朋友——
>
> 我独自远行，不但没有你，并且再没有别的影在黑暗里。只有我被黑暗沉没，那世界全属于我自己。（页七）

孤寂，愁苦的气息是在扩散着。《希望》也是写寂寞和空虚的：

希望，希望，用这希望的盾，抗拒那空虚中的暗夜的袭来，虽然盾后面也依然是空虚中的暗夜。（页二二）

不过他并不是因为自己的衰老，却是因为身外的青春也都逝去，他空虚到极处了，他说："青年们很平安，而我的面前又竟至于并且没有真的暗夜。"因此他深深地体味到了："绝望之为虚妄，正与希望相同！"（页二四）这恐怕是他最为伤感的文字。《立论》是在为言论争自由的，它将幽默与讽刺，合而为一。一个人生子了，有的说要做官，要发财，这是谎话，可是得到好报，有的说会死，这是实话，便遭了痛打。既不谎人，又不遭打的说法，就只有是：

啊呀！这孩子呵！您瞧！多么……呵唷！哈哈！Hehe！he，hehehehe。（页六八）

委曲求全的人的言论势必是如此的。《这样的战士》是描绘一个理想的奋斗人物，他有鲁迅所常谈到的韧性，什么好名目也不听，他却有"蛮人所用的，脱手一掷的投枪"，举起来就攻击。他的敌人是无物吧，他也不管，他得举起他的投枪，这无物之物的敌人逃脱称胜，说他是有了戕害慈善家等类的罪名了吧，他也不管，他得举起他的投枪；最后，他死在无物之物的阵里，他不足为战士，无物之物则永为胜者了，但他仍不管，他举起了投枪。技巧像内容一样，是毫无空隙的朴实渊茂的一首战歌。

这四篇已经好了，但我以为那其余的三篇却更好些。在

《野草》（1927 年北新书局初版）

那《复仇其二》里，是借耶稣的故事，说人们对于改革者的迫害的。因为悲悯和诅咒，那改革者对于自己的痛苦，却有一点快意。篇幅虽小，是一篇颇为伟大的作品。其庄严，沉痛，壮美，应当认为鲁迅有数的杰作之一。《死后》用了一种扫射式的攻击，讽刺的方面是多的，但却极其轻松，像流水一样，他

捷克文版《野草》

写着那些愚妄者们对于他的迫害和高论，他并且很幽默地记述着勃古斋的小伙计，还跟着来请他留下嘉靖黑口本的《公羊传》的古书。在淡淡的苦笑里，写出一个精神界的战士在创伤了的心上所不能拂拭去的暗影。《淡淡的血痕中》，是一反他向来的虚无色彩，而礼赞一个强的叛逆的猛士的。他诅咒造物主，他说：

> 他暗暗地使天变地异，却不敢毁灭一个地球；暗暗地使生物衰亡，却不敢长存一切尸体；暗暗地使人类流血，却不敢使血色永远鲜；暗暗地使人类受苦，却不敢使人类永远记得。（页八七）

同时，他诅咒怯弱者。就中国一般的作家论，是大抵没有甚深的哲学思索的，即以鲁迅论，也多是切近的表面的攻击，所以求一种略为深刻的意味长些的作品就很少，根源不深，这实在是中国一般的作品令人感到单薄的根由。鲁迅这篇文字之有一种特殊意义者，却就在它多少有一点哲学的思索的端绪故，事实上，这篇东西也确乎因此看着深厚得多了。

我附带要说的，我不承认《野草》是散文诗集，自然，散文是没有问题的，但乃是散文的杂感，而不是诗。因为诗的性质是重在主观的，情绪的，从自我出发的，纯粹的审美的，但是《野草》却并不如此，它还重在攻击愚妄者，重在礼赞战斗，讽刺的气息胜于抒情的气息，理智的色彩几等于情绪的色彩，它是不纯粹的，它不是审美的，所以这不是一部散文诗集。——要说有一部分是“诗的”，我当然没有话说。

（五）

我很爱《朝花夕拾》，并不减于我之爱《野草》。作为斗争的礼赞的《野草》，和这美妙的回忆的《朝花夕拾》之不同是很显然的。

因为是回忆，因为是说个人的事情，所以我们感觉到亲切，像是当着春秋的佳日吧，在森林里被轻风吹拂着一般，我们所见的便是安详、平和。只是也当像在耳朵里送来了清泉的湍响似的，这就是鲁迅在文字中常不能忘怀的对于那些伪善、奴性、繁复和乖巧的攻击。

诚然如鲁迅自己说：“一个人做到只剩了回忆的时候，生涯大概总要算是无聊了罢，但有时竟会连回忆也没有”（小引，页一），这真是大可悲哀的事。然而究竟在写这些回忆的文章的时候，却还没到连回忆也没有的地步，不过，也够无聊赖的了，所以，我们虽然可以颇带了消闲的意味地来欣赏这些好的散文，但在当时的作者却是十分难过，这是可以想见的。

这也是常见的一种例子了，大凡在某一方面情感极盛，又不得宣泄时，那故作平静，也用以安定了自己的，就是回返到自己的世界里去逃躲，这便是，回忆。“目前是这末离奇，心里是这末芜杂”（小引，页一），只有这才是这些散文背后的一字一句的骨髓。

然而只就文章看，头一篇《狗，猫，鼠》就是一篇好文章。里面所包括的东西那末多。可是非常有力量，非常调和，文字极简短，又带感情，令人只觉得宁帖，而毫无窘迫之感。他的笔，真是活动极了，像在山峰上跳越似的，我们看他把那些很不容易关连的印象，加以关连，时而说到已往，时而重归到现在，时而是对“正人君子”还击，时而又是童心的美梦，我们却决没有看出他那文字的驳杂。他从自己的仇猫说起，说到别人之拟之于狗，说到狗猫交恶的传说，说到自己仇猫的原故，说到猫在配合时的嗥叫，说到可爱的小鼠，最后是被长妈妈告诉，小鼠是猫给吃掉了，于是才正式仇猫，然而终于知道小鼠倒是因为缘着长妈妈的腿要上去，被长妈妈一脚踏死了。狗，猫，鼠，像作了三个驿站似的，中间是贯串着鲁迅的一路的杂感，而没令人觉到“杂”，这就是他的“巧”。

第二篇《阿长与山海经》，乃是一篇平淡一些的好的抒情文字，长妈妈的功罪，是常为更迭的，但到底那顽皮的“哥儿”，是得到一部最心爱的四本小书了！带图的《山海经》。

在这许多亲切的回忆文字中，我尤其觉到亲切的是第六篇的《从百草园到三味书屋》，百草园是鲁迅小时候玩的一个荒园，三味书屋却是他以后不常到百草园后所入的一个书塾。他形容书塾最真切，印象是那末具体：

> 三味书屋后面也有一个园，虽然小，但在那里也可以爬上花坛去折腊梅花，在地上或桂花树上寻蝉蜕。最好的工作是捉了苍蝇喂蚂蚁，静悄悄地没有声音。然而同窗们到园里的太多，太久，可就不行了，先生在书房里便大叫起来：
>
> “人都到那里去了！？”
>
> 人们便一个一个陆续走回去。（页六九）

又如：

> 先生读书入神的时候，于我们是很相宜的。有几个便用纸糊的盔甲套在指甲上做戏。我是画画，用一种叫

作“荆川纸”的，蒙在小说的绣像上一个个描下来，像习字时候的影写一样。读的书多起来，画的画也多起来；书没有读成，画的成绩却不少了，最成片段的是《荡寇志》和《西游记》的绣像，都有一大本。后来，因为要钱用，卖给一个有钱的同窗了。他的父亲是开锡箔店的；听说现在自己已经做了店主，而且快要升到绅士的地位了。这东西早已没有了罢。（页七一）

第七篇《父亲的病》，是如他其他的反中国的医药的文字一样，但形容那些骗人的医生却更活现。此外，则是说到中国旧的风俗习惯中，其不近人情的残酷。人死了，也不让平静：

“叫呀，你父亲要断气了。快叫呀！”衍太太说。

“父亲，父亲！”我就叫起来。

“大声！他听不见。还不快叫！？”

“父亲！！！父亲！！！”

他已经平静下去的脸，忽然紧张了，将眼微微一睁，仿佛有一些苦痛。

“叫呀！快叫呀！”她催促说。

“父亲！！！”

“什么呢？……不要嚷。……不……”他低低地说，又较急地喘着气，好一会，这才复了原状，平静下去了。

“父亲！！！”我还叫他，一直到他咽了气。

我现在还听到那时的自己的这声音，每听到时，就觉得这却是我对于父亲的最大的错处。（页八二）

这文字里有一种深远的力量，那力量是沉痛又沉痛的。

接着这篇，第八篇的《琐记》，是记述不入书塾以后，入了学校，到了南京，又转往日本的经历的。他那种特别清晰的记忆，是和处处并发的讽刺，组而为一了：

……日本是同中国很两样的，我们应该如何准备呢？有一个前辈同学在，比我们早一年毕业，曾经游历过日本，应该知道些情形。跑去请教之后，他郑重地说——

“日本的袜是万不能穿的，要多带些中国袜。我看纸票也不好，你们带去的钱不如都换了他们的现银。”

四个人都说遵命。别人不知其详，我是将钱都在上海换了日本的银元，还带了十双中国袜——白袜。

后来呢？后来，要穿制服和皮鞋，中国袜完全无用；一元的银圆日本早已废置不用了，又赔钱换了半元的银圆

和纸票。（页九五）

中国人向来是模糊的，通常是，总没有人曾说准时刻，别的也就可想，你果然听了，就一定吃亏。从鲁迅那样记忆清晰的文章看来，真令别人也容易勾起往事来，便颇欲试为执笔了。十篇的回忆杂感中，单以技巧论，我便尤其爱上面所说的这五篇。

（六）

在一九二七年的杂感集是《而已集》。因为这时受过的迫害是更深些了，眼见的哭不得，笑不得的事情也太多些了，所以他的文章便又一变，虽然讽刺，但有时也情不自禁地流露些正面主张了，例如书的开首，是《黄花节的杂感》，他便说：

> ……黄花节很热闹，热闹一天自然也好；热闹得疲劳了，回去就好好地睡一觉。然而第二天，元气恢复了，就该加工做一天自己该做的工作。这当然是劳苦的，但总比枪弹从致命的地方穿过去要好得远；何况这也算是在培养幸福的花果，为着后来的人们呢。（页四）

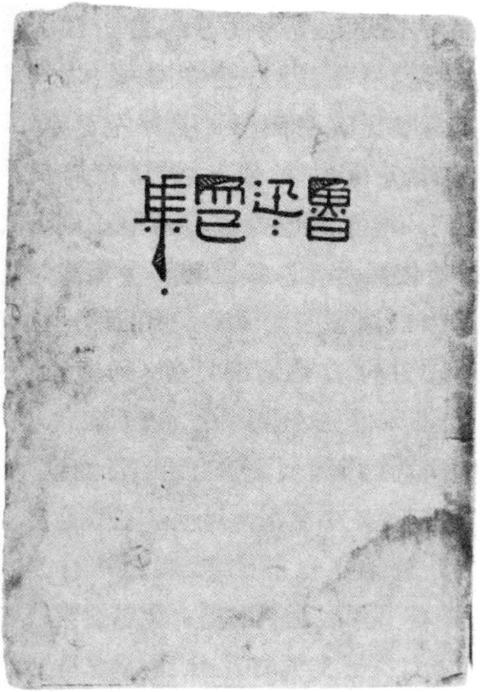

《而已集》（1928 年北新书局初版）

这很有一种训话的意味在。此外，在《读书杂谈》里，先说到只看重自己所从事的一门的不当，次分别创作和研究的殊途，又介绍到实际读书的方法，从选本找到一人的爱好，再在文学史上看那作家的地位，并及于评传等，最后归结到得用活脑筋，和接触实生活，这便是老老实实的“常谈”了，几乎无所谓“杂感”。鲁迅是很少论文的，因为他的笔下，总是侧击的时候多，正面迎人的时候少，但是像这《读书杂谈》一类，我却认为确是论文，另一篇《革命时代的文学》，要义在“文学总是一种余裕的产物，可以表示一民族的文化，倒是真的”，我觉得也的确是正解，再加上《魏晋风度及文章与药及酒之关系》，可称得是三篇论文，都已经不止于是杂感的了。

论文字，自然以《魏晋风度及文章与药及酒之关系》为最，我以为这是《而已集》里的第一篇文字，虽然本来却是讲演。这的的确确看出是发自一个有脑筋的人的。处处是人话，处处是从活人的观点，来绍介了古代文人的真面目，把种种不近人情的幕给揭穿了，却露出实际的赤裸的悲哀和苦闷来。他的文学观也已经是从大处看，他说曹操因为在政治上的尚刑名，影响到文章上就是“清峻”；又因为反抗当时固执的清流，影响到文章上是“通脱”，这都是从一个整个的时代精神上去了解文艺的，不能说不给初研究文学者以一个好的榜样。从鲁迅的眼光看，何晏之流的“服药”，是为的想逃掉当时文人被杀的畏惧，阮籍嵇康的疏狂，是真正把礼教当作宝贝看待的表现，陶潜之故作达观，乃是并不能忘掉“死”，自然，鲁迅所以选择这样题目，发这样论调，是抒写自己当时所受的压迫之苦的，当时既不能明说，单怕压迫者找到了口实，又势不能不说，一般人在要求着说，自己也气闷得要命，逼迫着说，他这样说法，却是多末巧！然而同时，他确指示了古代文坛的一部分的真相了，并不限于单单为自己出一口气算完。

在杂感之中，讽刺的意味更为纯粹，文字上又最有技巧的，则是《略论中国人的脸》，《通信》和《再谈香港》。《通信》是九月三日寄给李小峰的，可说再率真没有了，再亲切没有了，顽强与愤怒，也活跃在纸上：

> 以上算是牢骚。但我觉得正人君子这回是可以审问我了："你知道苦了罢？你改悔不改悔？"大约也不但正人君子，凡对我有些好意的人，也要问的。我的仁兄，你也许即是其一。我可以即刻答复："一点不苦，一点不悔。而且倒很有趣的。"

隔了一段，又有：

> 但那广告上又举出一个曾经被称为"学棍"的鲁迅

来，而这回偏尊之曰“先生”，居然和这“文艺批评界的权威”并列，却确乎给了我一个不小的打击。我立刻自觉：阿呀，痛哉，又被钉在木板上替“文艺批评界的权威”做广告了。两个“权威”，一个假的和一个真的，一个被“权威”挖苦的“权威”和一个挖苦“权威”的“权威”。呵呵！（页五九）

造语自然，而含义不尽，尤其在收尾的那“呵呵！”上。《再谈香港》，是在冲淡中而描绘了那鬼鬼祟祟的“查阅”的。到了文字的最后，却像乐曲的激越之音似的，把文中松散一变而为凝整：

香港虽只一岛，却活画着中国许多地方现在和将来的小照：中央几位洋主子，手下是若干颂德的“高等华人”和一伙作伥的奴气同胞。此外即全是默默吃苦的“土人”，能耐的死在洋场上，耐不住的逃入深山中，苗瑶是我们的前辈。（页一六五）

而情感非常浓，态度非常真的，乃是《答有恒先生》，他在这篇通信中，说了他最大的转变，以及陷于十分悲观的原故，他又预感着极坏，为自己，则仍是麻痹与忘却。

《魏晋风度及文章与药及酒之关系》，《略论中国人的脸》，《通信》，《再谈香港》，和这《答有恒先生》，是我在《而已集》中认为最出色的杂感文字。

（七）

继续《而已集》之后，有《三闲集》（一九二七年——一九二九年），《二心集》（一九三〇年——一九三一年）。

像内容上之近于《而已集》一样，《三闲集》的文字也近于《而已集》。我常说，鲁迅是长于抒情的，尤其长的是写寂寞之感，在这《三闲集》，便又给我一个例证了，我不能不抄下去：

> ……记得还是去年躲在厦门岛上的时候，因为太讨人厌了，终于得到“敬鬼神而远之”式的待遇，被供在图书馆楼上的一间屋子里。白天还有馆员，钉书匠，阅书的学生，夜九时后，一切星散，一所很大的洋楼里，除我以外，没有别人。我沉静下去了。寂静浓到如酒，令人微醺。望后窗外骨立的乱山中许多白点，是丛冢；一粒深黄

《三闲集》（1932 年北新书局初版）

色火，是南普陀寺的琉璃灯。前面则海天微茫，黑絮一般的夜色简直似乎要扑到心坎里。我靠了石栏远眺，听得自己的心音，四远还仿佛有无量悲哀，苦恼，零落，死灭，都杂入这寂静中，使它变成药酒，加色，加味，加香。这时，我曾经想要写，但是不能写，无从写。……

莫非这就是一点“世界苦恼”么？我有时想。然而大约又不是的，这不过是淡淡的哀愁，中间还带些愉快。我想接近它，但我愈想，它却愈渺茫了，几乎要发见仅只我独自倚着石栏，此外一无所有。必须待到我忘了努力，才又感到淡淡的哀愁。

那结果却大抵不很高明。腿上钢针似的一刺，我便不假思索地用手掌向痛处直拍下去，同时只知道蚊子在咬我。什么哀愁，什么夜色，都飞到九霄云外去了，连靠过的石栏也不再放在心里。而且这还是现在的话，那时呢，回想起来，是连不将石栏放在心里的事也没有想到的。仍是不假思索地走进房里去，坐在一把唯一的半躺——躺不直的藤椅子——上，抚摩着蚊喙的伤，直到它由痛转痒，渐渐肿成一个小疙瘅。我也就从抚摩转成搔，掐，直到它由痒转痛，比较地能够打熬。（页一一——一三）

这是多末美，而近于诗的呢！不过鲁迅不常有这样的文字，这没有别的理由，只因为热情驱使他，对于社会的关怀逼迫他，使他常忘了自己的寂寞，而单是挺身而出、做战士去了。刚才所引的一段文字，就只是他的一篇《夜记之一》的《怎末写的一小部分》，通体上却是讲到别的事情，以一段论，这一段是极佳的抒情文字，以整篇论，却并不完整。

《三闲集》里一篇完整的文字是《我的态度气量和年纪》，但那不是写寂寞了，却是一篇应战的文章。应战就完全应战，一口气下来，其通畅流利，一无阻滞，这是《三闲集》里顶令人爱读的一篇东西。

我在论《鲁迅之生活及其精神进展上的几个阶段》里说过，《二心集》时候的思想，乃是鲁迅在精神进展上顶高的一个阶段，与这相当，文字上也是最有活力的一个时期。像在思想上，《三闲集》是《二心集》的一个序幕似的，在文字上，《三闲集》也似乎只是《二心集》的一个献辞。

《二心集》里的好文字实在多。《硬译与文学的阶级性》，是一篇又有生气，又有条理的文章。从来鲁迅不大写长篇的论文，杂感也很短，讲演是例外。转变后先有了这末一篇活而有力的长文，不能不说已是一个可喜的收获了。和这篇类似的，有《上海文艺之一瞥》，和《民族主义文学的任务和运命》，后者在结末尤其爽朗，宏阔，极有力量。他说，只有在另一个时代到来，“才能脱出这沉滞猥劣和腐烂的运命”（页一六六），似乎所有鲁迅这时的杂感，已不是用匕首，而是大炮了，文字已脱却尖刻，变为倾注的光景，深厚多了。

短文章也够厉害的，例如《好政府主义》和《丧家的资本家的乏走狗》。而在《中国无产阶级革命文学和前驱的血》一文里，尤其表现着极其健康的态度，即是短文，也一点不俏皮，不苛薄了。可以并观的是《黑暗中国的文艺的现状》，对于中国受压迫的文艺和压迫人的文艺，分析得十分透到，不少地方很是一针见血，不能不令人称快。

鲁迅的文章向来在攻击上有一种“除恶务尽”的习惯，决不让什么东西漏落，凡他所写出的，只有使读者认为较自己丰盛、周详，却从不能使读者有不足之感。可是他现在便是在不漏之外，又加上含蓄了，这是他在杂感上的新技巧，就如《沉滓的泛起》吧：

> 那是连病夫也立刻可以当兵，警犬也将帮同爱国，在爱国文艺家的指导之下，真是大可乐观，要“灭此朝食”了。只可惜不必是文学青年，就是文学小囡囡，也会觉得逐段看去，即使不称为“广告”的，也都不过是出卖旧货的新广告，要趁“国难声中”或“和平声中”将利益更多的榨到自己的手里的。
>
> 因为要这样，所以都得在这个时候，趁势在表面来泛一下，明星也有，文艺家也有，警犬也有，药也有……也因为趁势，泛起来就格外省力。但因为泛起来的是沉

> 滓，沉滓又究竟不过是沉滓，所以因此一泛，他们的本相倒越加分明，而最后的运命，也还是仍旧沉下去。（页一七一）

含蓄有余韵，我认为这是鲁迅的杂感文在技巧上，一个显著的进展。

《二心集》（1932年合众书店初版）

在为国难而发的杂感中，《宣传与做戏》是说国人过于爱面子，而到了欺己的地步，称之为“简直是提着青龙偃月刀”，进了后台，“一路唱回自己的家里来了”（页一八七）。《友邦惊诧论》是为学生请愿办的，以明真正的国家责任之所归。前者很短悍有力，后者颇开拓、明朗。他的曲折渐少，而力量加增了。仿佛一棵树吧，先前是小枝非常之多，后扩张的是空间，现在一变而粗厚的大干了，所增强的，乃是生命力的浓度。与其说是加广，不如说是加深，这是鲁迅在此期杂感文的特色。末了，还可以举出一篇反对顺而不信翻译的文字《风马牛》。

《三闲集》里，我取的文章是一篇，在《二心集》里，我取的文章，是十一篇，在上面都已提到了。

（八）

在《南腔北调集》（一九三二年——一九三三年）里的文字，风格是多端的。有的很简辣，有的很沉痛，有的很甘脆，有的很幽默，和《二心集》里的一味豁朗、爽利是不同了。

一个常常使用文字的人，他是如何满意于自己的工具之更有效能些呢？这不是不常使用文字的人所能想像的。所以，文字越写得好的人，越不能放松技巧的精益求精，和尽善尽美。从鲁迅的杂感集看，他的文字，可说无时不在进步着。

同是对于国学的感慨，在这集子中的《非所计也》，就更其简劲了，结末的句子，分量又是那末浓。同是对于国民性的攻击，在这集子中的《捣鬼心传》，《家庭为中国之基本》，这方面更其多，而文字是更其凝整紧凑了。在《捣鬼心传》里，他说明捣鬼之须有含蓄，但又忌入模糊，不过二者是相邻的，所以“捣鬼有术，也有效，然而有限”（页二三二）。在《家庭为中国之基本》里，他指出中国人生活之退缩，即不满于现状，也是抽鸦片、叉麻雀了事，无非躲在家里。接着，便是：

> ……檐下放起爆竹，是在将月亮从天狗嘴里救出；剑仙坐在书斋里，哼的一声，一道白光，千万里外的敌人可被杀掉了；不过飞剑还是回家，钻进原先的鼻孔去，因为下次还要用。这叫做千变万化，不离其宗。所以学校是从家庭里拉出子弟来，教成社会人才的地方，而一闹到不可开交的时候，还是“交家长严加管束”云。
>
> “骨肉归于土，命也；若夫魂气，则无不之也，无

不之也！”一个人变了鬼，该可以随便一点了罢，而活人仍要烧一所纸房子，请他住进去，阔气的还有打牌桌，鸦片盘。成仙，这变化是很大的，但是刘太太偏舍不得老家，定要运动到“拔宅飞升”，连鸡犬都带了上去而后已，好依然的管家务，饲狗，喂鸡。

我们的古今人，对于现状，实在也愿意有变化，承认其变化的。变鬼无法，成仙更佳，然而对于老家，却总是死也不肯放。我想，火药只做爆竹，指南针只看坟山，恐怕那原因就在此。

现在是火药蜕化为轰炸弹，烧夷弹，装在飞机上面了，我们却只能坐在家里等它落下来。自然，坐飞机的人是颇有了的，但他那里是远征呢，他为的是可以快点回到家里去。（页二三四）

这样的文字，是《华盖集》，《而已集》……里所不能有的文字。

同样的，是一篇《谁的矛盾》，从一般人之对待萧伯纳说起的，这篇文字，完全像诗的，总是说他怎末样，而别人偏要怎末样，果然怎末样了，而别人又不怎末样了，把伟大和渺小，给出了许多绝好的对比，真是“一唱三叹”的本领。这篇的凝练紧凑，和同是谈萧伯纳的《论语一年》的疏落雍容，是颇可以一块看的。这也是《华盖集》，《而已集》……里所不能有的文字。

我常说的鲁迅那篇抒情最好的文字《为了忘却的记念》，也就是收在这集子里的。从鲁迅的文章看，他是时常压抑着自己的深厚的热情的，不错，他不喜欢风花雪月，不错，他不喜欢悱恻缠绵，然而他情感的浓烈与真挚，是远出于风花雪月、悱恻缠绵之类之上的。他要少写，然而意味是更深长些：

> 不是年青的为年老的写记念，而在这三十年中，却使我目睹许多青年的血，层层淤积起来，将我埋得不能吸呼，我只能用这样的笔墨，写几句文章，算是从泥土中挖一个小孔，自己延口残喘，这是怎样的世界呢。夜正长，路也正长，我不如忘却，不说的好罢。但我知道，即使不是我，将来总会有记起他们，再说他们的时候的。（页八六）

至于那《祝中俄文字之交》，是在沉静中而有一种幽深的力量；那“由中国女人的脚推定中国人之非中庸又由此推定孔夫子有胃病”，则在不失为幽默里犹透出锋利的讽刺；就是《谚语》一篇里，也极其甘脆而畅达。说过的这九篇东西，都是比先前更高一等的完整的杂感文。

和《南腔北调集》的后一半的作品，在年月上并行的，是《伪自由书》和《准风月谈》。《南腔北调集》已经收

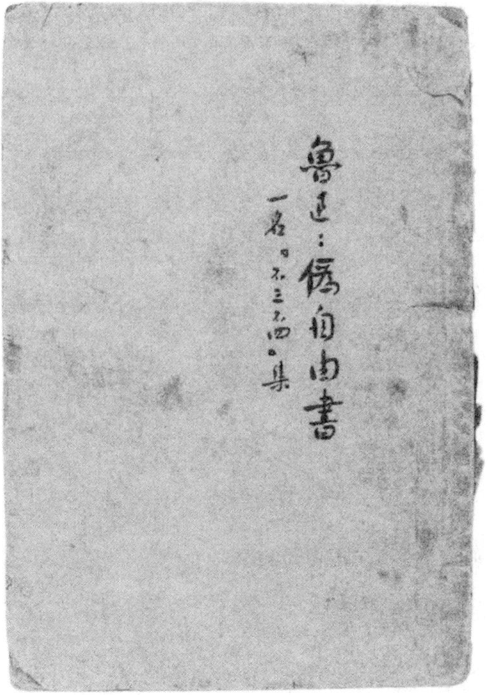

《伪自由书》（1933年青光书局初版）

著了一九三三年十二月的作品了，而《伪自由书》是这一年的上半年的，《准风月谈》却是这一年的下半年的。

不过以文字论，这两本书都不如《南腔北调集》好。《准风月谈》，犹不如《伪自由书》。

在《伪自由书》里，当以《大观园的人才》一文为最佳，讽刺性最大，其次是《文章与题目》和《王化》。在这一本书里的文字，长处就是一个干净利落，有时候含蓄，而隐约了，却往往似乎不十分充实。有的简直入了魔道，如《透底》一篇，并不如直接排斥虚无主义的好。

在《准风月谈》里，好的文章只有《看变戏法》。其余的不过通体上很轻易，结末有时厉害而已。不知道是说话太难，顾忌太多呢，还是写同一类的文字太频繁了，而有些困乏。

《集外集》里，没有完整的文字。

（九）

总起来看，这里所论到的杂感集是十三册，随路指出的典范的文字，是五十八篇。

说到他的文字的进展，先是平铺直叙，虽然思想是早有些。此后便转入曲折，细微和刻画，仿佛骨骼是有了，但不丰

《花边文学》（1936 年联华书局初版）

盈，再后则进而为通畅，有了活力。最后则这两种优长，兼而有之，就是含蓄了，凝整了，换言之，便是，不光有骨头，不光有血肉，而具有了精神。

和他的精神进展的阶段相当：在他第一个阶段里，一如他的启蒙思想还没形成，他也还没有什么新的白话文字；所谓平铺直叙的时期，就是《热风》（一九一八年——一九二四年）的时期，是他的精神进展的第二个阶段，他的思想空洞些，所以文字也单纯；曲折，细微而刻画的时期，是《华盖集》（一九二五年），《华盖集续编》（一九二六年）的时期，他这时的思想是攻击到古文明国的人情世故了，事情是琐小，而有种待人扬发的意味，所以文字也便出之以尖酸，中间有一个次一阶级的酝酿期，文字上大体是沿上一时期的余绪的，便是《而已集》（一九二七年），《三闲集》（一九二七年——一九二九年）的时期，在精神进展上乃是他的第四个阶级；新的思想的成熟，是在他的精神进展的第五个阶级，文字上就是《二心集》（一九三〇年——一九三一年）的时期，健康，深厚，而有活力，是那一期文字和思想的共同点；到了他精神进展的第六个阶段，便是《南腔北调集》（一九三二年——一九三三年）的时期，在思想上是由理论而入了应用的时期了，文字就含蓄，而凝整，但是同时他的精神生活似乎停滞在某一个地点了，文字就又有了《伪自由书》，《准风月谈》中所偶尔流露的困乏。也许有新进展的吧，文字上也一定会不同起来。

他的杂感文的长处，是在常有所激动，思想常快而有趣，比喻每随手即来，话往往比常人深一层，又多是因小见大，随路攻击，加之以清晰的记忆，寂寞的哀感，浓烈的热情，所以文章就越发可爱了。

有时他的杂感文却也失败，其原故之一，就是因为他执笔于情感太盛之际，遂一无含蓄，例如：

> 流言本是畜类的武器，鬼蜮的手段，实在应该不信它……这些“流言”和“听说”当然都只配当作狗屁！（《华盖集》，页七七）

太生气了，便破坏了文字的美。不知道为什么，他有些文字在结尾时松下去，甚而模糊起来，例如《热风》里的《随感录第三十七》，《三闲集》里的《怎么写》，《醉眼中的朦胧》，《南腔北调集》里的《听说梦》，《伪自由书》里的《文学上的折扣》，《以夷制夷》，《言论自由的界限》，这些尤其显然。鲁迅的杂感文是不大有什么毛病的，有之，也就是这一点而已。

谁都知道鲁迅的杂感文有一种特殊的风格，他的文字，有他的一种特殊的方式。倘若说出来，就是他的笔常是扩张又收缩的，仿佛放风筝，线松开了，却又猛然一提，仿佛开水流，却又预先在下流来一个闸，一张一弛，使人的精神有一种快感。读者的思想，先是随着驰骋，却终于兜回原地，也即是鲁迅所指定之所。这是鲁迅的文章之引人的地方，却也是他占了胜利的地方。

他用什么扩张人的精神呢？就是那些“虽然”，“自然”，“然而”，“但是”，“倘若”，“如果”，“却”，“究竟”，“竟”，“不过”，“譬如”……他惯于用这些转折字，这些转折字用一个，就引人到一个处所，多用几个，就不啻多绕了许多弯儿，这便是风筝的松线，这便是流水的放闸。可是在一度扩张之后，他收缩了，那时他所用的，就是：“总之”。举一个例看：

> 然而那是盛世的事。现在是无论怎末“索”，早已一文也不给了，如果偶然“发薪”，那是意外的上头的嘉惠，和什末“索”丝毫无关。不过临时发布“亲领”命令的施主却还有，只是早已非善于索薪的骁将，而是天天“画到”，未曾另谋生活的“不贰之臣”了。所以，先前的“亲领”是对于没有同去索薪的人们的罚，现在的“亲领”是对于不能空着肚子，天天到部的人们的罚。
>
> 但这不过是一个大意，此外的事，倘非身临其境，实在有些说不清。譬如一碗酸辣汤，耳闻口讲的，总不如

亲自呷一口的明白。近来有几个心怀叵测的名人间接告诉我，说我去年作文，专和几个人闹意见，不再论及文学艺术，天下国家，是可惜的。殊不知我近来倒是明白了，身历其境的小事，尚且参不透，说不清，更何况那些高尚伟大，不甚了然的事业？我现在只能说说较为切己的私事，至于冠冕堂皇如所谓“公理”之类，就让公理专家去消遣罢。

总之，我以为现在的“亲领”主张家，已颇不如先前了，这就是“孤桐先生”之所谓每况愈下。而且便是空牢骚如方玄绰者，似乎也已经很寥寥了。（《华盖集续编》，页一九五）

这便是他常用的表现方式，已成为一种调子。只从表面看，学习和模仿是很容易的，但是我只点出一件事，学习和模仿的人就可以慎重了：这是，鲁迅之所以能够用那些转折的字者，是因为他思想过于多，非这样，就派遣不开的原故。倘若你没有那些思路，单单转折，转折什么呢？只有空架子，便会招来了“枯涩”，这是一般的学鲁迅的文章而不知道根本的人所吃的亏。

鲁迅的文章，在告一个段落的时候，总是紧缩一下的。用“总之”，是一例了。但有时，便用一种补充的方式，例如：

……待到别人的围裙全数破旧，他却穿了绣花衫子站出来了。大家只好说道：“呵！”可怜的性急的野蛮人，竟连围裙也不知道换一条，怪不得锐气终于脱尽；脱尽犹可，还要看那“笑吟吟”的“讽刺”的“天才”脸哩，这实在是对于灵魂的鞭责，虽说还在辽远的将来。（《华盖集续编》，页一九）

“虽说还在辽远的将来”就是一种作紧缩用的补充。他这种补充，所凭借的是他的精神的贯注，思想的迅捷，文章不论跑多远，风筝放开去吧，线总可以牵回来。这便往往构成他的文章的一种美。其次是，利用记忆力的强，他每每用旧话来收场：

……这种拉扯牵连，若即若离的思想，自己也觉得近乎刻薄，——但是，由它去吧，好在“开审”时总会结帐的。（《三闲集》，页四二）

“开审”，是用顾颉刚给他信上的“暂勿离粤，以俟开审”

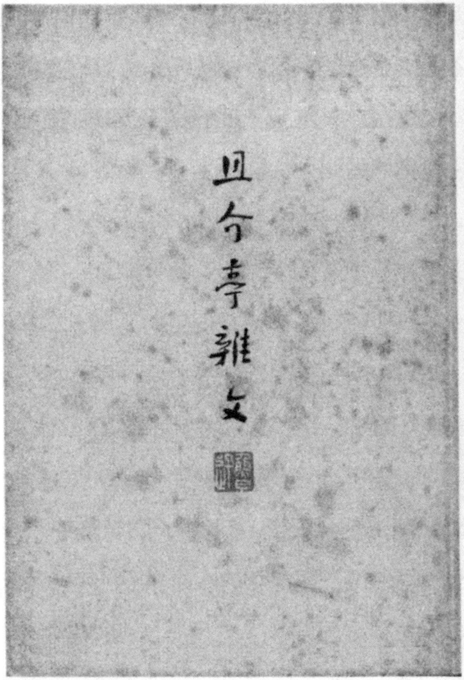

《且介亭杂文》(1937年三闲书屋初版)

的，如他记忆上的不放松一样，在文字上形成一种紧张的有力的结尾。用“总之”，用补充，用旧话，是鲁迅把文章扩张了之后，又加以紧缩的法门。

读者之一张一弛的快感，有时就是我们在鲁迅的作品里所得到的幽默。他的幽默，有他的幽默的特色。他的幽默，往往是用现成的观念或名词，在人冷不防的时候忽然冒出来的，使人恢复一种在潜意识里的同感。“绍兴师爷”，“正人君子”，“跳在半天空”，“放冷箭”，是常出没于他的笔端的，有时令我们见到而会心，而发笑了，就是如此。还有一种幽默，乃是他在十分生气的时候，而故意不露主观的字样，却在那里冷冷地刻画，这也往往令我们失笑，像他写在广东住在钟楼上，那些校务辩论，老鼠的驰骋，以及工友的歌声等，便是一例，我们失笑固然失笑了，同时却知道他是在压着一口气。不放松的“记忆”，和故作冷静的“憎怒”，是鲁迅幽默的根源。

从幽默上看，也可以看出一个人的特点来。老舍的幽默是理智的成分多些的，那幽默往往是出发自一个居高临下的知识分子的知识，他是把事情看松活。鲁迅却彻头彻尾是情感的，“记忆”和“憎恶”，见出他的决不放过和并不释然。他紧抓着，他有他的韧性，这表现于他思想上的斗争了，却也表现于他的杂感文的艺术！

二十四年九月七日下午八时一刻

五　总结：诗人和战士的鲁迅——鲁迅之本质及其批评

（一）

鲁迅在许多机会是被称为一个思想家了，其实他不够一个思想家，因为他没有一个思想家所应有的清晰以及在理论上建设的能力；又有许多机会，鲁迅被称为一个杂感家，但这也仍不能算对的，因为对鲁迅并不能以杂感家来概括。

倘若诗人的意义，是指在从事于文艺者之性格上偏于主观的，情绪的，而离庸常人所应付的实生活相远的话，则无疑地，鲁迅在文艺上乃是一个诗人；至于在思想上，他却止于是一个战士。

（二）

我说鲁迅是一个诗人，却丝毫没有把他派作是吟风弄月的雅士的意思，因为，他在灵魂的深处，是没有那么消闲，没有那么优美，也没有那么从容；他所有的，乃是一种强烈的情感，和一种粗暴的力。

鲁迅彻头彻尾是在情绪里。R. M. Bartlett在他的《新中国的思想领袖》里说鲁迅的作品很像朵斯退益夫斯基和高尔基的文艺，“极富于同情人和热烈的情绪”（原文载美国的*Current History*，一九二七年十月号，由石民译出，见《当代》一卷一期），钱杏村在一九三〇年二月《拓荒者》上作的《鲁迅》一文里，也说鲁迅于《阿Q正传》中，对旧势力之一一加以讽笑，是“含”了“泪”，这两人的看法我认为都是对的。

鲁迅的情绪，是浓郁到如此的地步了，甚而使他不能宁帖起来，景宋有批评他的话，说他：

> 性情太特别，一有所憎，即刻不能耐，坐立不安。（《两地书》，页一六四）

又说他：

> 对于一些人过于深恶痛绝，简直不愿在一地呼吸，而对有些人又期望太殷。不惜赴汤蹈火，一旦觉得不副所望，便悲哀起来了。（《两地书》，页一六五）

因为这样的原故，他是不能够在心情上轻松的，所以他才有“目前是这么离奇，心里是这么芜杂”的自白（《朝花夕拾》，小引页一）。

从这里，我忽然想到鲁迅是一个颇不能鉴赏美的人——虽然他自己却可创作出美的文艺，供别人鉴赏的。因为，审美的领域，是在一种绰有余裕，又不太迫切、贴近的心情下才能存在，然而这却正是鲁迅所缺少的。创作时不同一点，自然，鲁迅依然是持有丰盛强烈的情感的，可是因为太丰盛而强烈了，倒似乎在那时可以憋着一口气，反而更有去冷冷地刻画一番的能力，这样，在似乎残忍而且快意的外衣下，那热烈的同情是含蕴于其中了，于是未始不可以成了审美的对象。逢到他自己去赏鉴，却是另一回事了。他自己说：“对于自然美，自恨苦无敏感，所以即使恭逢良辰美景，也不甚感动”（《华盖集续编》，页二二一），所以，我方才说的，我们不能派他作吟风弄月的雅士者，这意思自然一方面是他不屑，然而在另一方面却是他也有所不能。

他是枯燥的，他讨厌梅兰芳的戏片子（《两地书》，页八九），他不喜欢徐志摩那样的诗（《集外集》，序言页三），这都代表他的个性的一个共同点。

他曾说："只要一叫而人们大抵震悚的怪鸱的真的恶声在那里"（《集外集》，页四六），这是他要求的。他曾说："生命的泥委弃在地面上，不生乔木，只生野草……野草，根本不深，花叶不美"（《野草》，题词页一），这是他自知的。

艺术之中，不错，他也有所称赞的，但却就只限于"力的表现"的木刻；鲁迅对于优美的，带有女性的意味的艺术却不大热心的。一如他在思想上之并不圆通一样，在美的鉴赏上并不能兼容。

强烈的情感，和粗暴的力，才是鲁迅所有的。

（三）

鲁迅在性格上是内倾的，他不善于如通常人之处理生活。他宁愿孤独，而不欢喜"群"。

景宋说他“是爱怕羞的”，又告诉我们，“他自以为不会做事”（《鲁迅在广东》，页五二，五三），我想这是他的真面目。

在一般人所认为极容易的事，在他就不能，也不耐了。看他在厦门时的听差和吃饭问题吧：

> 关于我所用的听差的事，说起来话长了。初来时确是好的，现在也许还不坏，但自从伏园要他的朋友去给大家包饭之后，他就忙得很，不大见面。后来他的朋友因为有几个人不大肯付钱（这是据听差说的），一怒而去，几个人就算了，而还有几个人却要他接办。此事由伏园开端，我也没法禁止，也无从一一去接洽，劝他们另寻别人。现在这听差是忙，钱不够，我的饭钱和他自己的工钱，都已预支一月以上，又伏园临走宣言：自己不在时仍付饭钱。然而只是一句话，现在这一笔帐也在向我索取。（《两地书》，页一四七）

结果呢，他说：“我本来不善管这些琐事，所以常常弄得头昏眼花。”之后，菜又不好吃了，伏园自己还可以做一点汤，他却只会烧白开水，什么菜也不会做（《两地书》，页一七九）。

我们见不少为鲁迅作的访问记都说，他的衣饰是质朴的，并不讲究，这一方面当然是根于他的并不爱美的天性，另一方面却也表现他不善于注意生活上的小节了。在这种地方，我们不难想像倘若是一个精明强干，长于任事的人，是如何重视着的，于此便也可以见一个好对照。

鲁迅自己说："我一生的失计，即在向来不为自己生活打算"（《两地书》，页一七五）。所谓不修边幅，不讲究衣饰，正是这一方面的小小的透露。

他常是对环境加以憎恨，他讨厌一般人的"语言无味"，他慨然于天下浅薄者之多（《两地书》，页八九），他甚而只愿意独自躲在房里看书（《两地书》，页一一七），他处处有对"群"的恶感。他形容厦门大学：

> 我新近想到了一句话，是"硬将一排洋房，摆在荒岛的海边上"。然而虽是这样的地方，人物却各式俱有，正如一滴水，用显微镜看，也是一个大世界。其中有一班"妾妇"们，上面已经说过了。还有希望得爱，以九元一盒的糖果恭送女教员的老外国教授；有和著名的美人结婚，三月复离的青年教授；有以异性为玩艺儿，每年

一定和一个人往来，先引之而终拒之的密斯先生；有打听糖果所在，群往吃之的无耻之徒……（《两地书》，页一三一）

他的结论是：“世界大概差不多，地的繁华和荒僻，人的多少，都没有多大关系。”他之极端憎恶态度，是溢于言表了。

他和群愚是立于一种不能相安的地步，所以他说：“我在群集里面，是向来坐不久的”（《两地书》，页一八），所以他说：“离开了那些无聊人，亦不必一同吃饭，听些无聊话了，这就很舒服。”（《两地书》，页九六）在应酬方面，他是宁使其少，而不使其多，甚而加以拒绝。关于这，景宋当然知道得最清楚（《两地书》，页一六三），林语堂却也有同样的记载，以为：“常常辞谢宴会的邀请”，已是“他的习惯”（见其用英文写在《中国评论周报》上的《鲁迅》一文）。

这种不爱“群”，而爱孤独，不喜事，而喜驰骋于思索情绪的生活，就是我们所谓“内倾”的。在这里，可说发现了鲁迅第一个不能写长篇小说的根由了，并且说明了为什么他只有农村的描写成功，而写到都市就失败的原故。这是因为，写小说得客观些，得各样的社会打进去，又非取一个冷然的观照的态度不行。长于写小说的人，往往在社会上是十分活动，十分适应，十分圆通的人，虽然他内心里须仍有一种倔强的哀感在。鲁迅不然，用我们用过的说法，他对于人生，是太迫切，太贴近了，他没有那么从容，他一不耐，就愤然而去了，或者躲起来，这都不便利于一个人写小说。宴会就加以拒绝，群集里就坐不久，这尤其不是小说家的风度。

然而他写农村是好的，这是因为那是他早年的印象了，他心情上还没至于这么厌憎环境。所以他可以有所体验，而渲染到纸上。此后他的性格，却慢慢定形了，所以虽生长在都市，却没有体会到都市，因而他没有写都市人生活的满意的作品，一旦他的农村的体验写完了，他就已经没有什么可写，所以他在一九二五年以后，便几乎没有创作了。

在当代的文人中，恐怕再没有鲁迅那样留心各种报纸的了吧，这是从他的杂感中可以看得出的，倘若我们想到这是不能在实生活里体验，因而不得不采取的一种补偿时，就可见是多么自然的事了！

就在这种意味上，所以我愿意确定鲁迅是诗人，主观而抒情的诗人，却并不是客观的多方面的小说家。

（四）

许多人以为鲁迅世故，甚而称之为“世故的老人”，叫我看，鲁迅却是最不世故了；不错，他是常谈世故的，然而这恰恰代表出他之不世故来。因为，世故惯了的人，就以为没有什么新奇可说了，而把世故运用巧的人，也就以为世故是不便于说了，所谓“善易者不言易”，鲁迅之“言”，却就证明他还没“善”。

然而鲁迅是常有新的世故的获得了，而且常常公布出来了，这就都在说明鲁迅和世故处于并不厮熟，也还没运用巧的地步。鲁迅之不世故，是随地可见的，由他自己的回忆：

> ……那是十多年前，我在教育部里做“官僚”，常听得同事说，某女学校的学生，是可以叫出来嫖的，连机关的地址门牌，也说得明明白白。有一回我偶然走过这条街，一个人对于坏事情，是记性好一点的，我记起来了，便留心着那门牌，但这一号，却是一块小空地，有一口大井，一间很破烂的小屋，是几个山东人住着卖水的地方，决计做不了他用。待到他们又在谈着这事的时

> 候，我便说出我的所见来，而不料大家竟笑容尽敛，不欢而散了，此后不和我谈天者两三月。（《南腔北调集》，页二〇一）

他作这文章的时候是一九三三年，他五十二岁了，所谓十多年前，也已经四十岁左右，谈天而至于使人“笑容尽敛”，鲁迅的世故在哪里呢？

人们说鲁迅世故，就又以为鲁迅看事十分的确了，要不，就以为鲁迅一定单把事、把人的坏的方面看得过于清了，然而，在我看，倒又相反，鲁迅却是看不的确的，而且也往往忽略了坏的方面。例如在厦门时之对朱山根的观察：

> 此地所请的教授，我和兼士之外，还有朱山根。这人是陈源之流，我是早知道的，现在一调查，则他所安排的羽翼，竟有七人之多，先前所谓不问外事，专一看书的舆论，乃是全都为其所骗。（《两地书》，页一〇二）

他世故么？世故何至于为这人蒙蔽了这么多时候？

又如他在北京时与人们的来往，也大抵是并没利用别人，而是为人利用；所以他说：

我在静夜中，回忆先前的经历，觉得现在的社会，大抵是可利用时则竭力利用，可打击时则竭力打击，只要于他有利。我在北京这么忙，来客不绝，但一受段祺瑞、章士钊们的压迫，有些人就立刻来索还原稿，不要我选定、作序了。其甚者还要乘机下石，连我请他吃过饭也是

《苦闷的象征》(1926 年北新书局版)

罪状了，这是我在运动他；请他吃过好茶也是罪状了，这是我奢侈的证据。（《两地书》，页一五六）

他和这个战，他和那个战，结果这里迫害，那里迫害。他不知道有多少次，纠合了一些他以为有希望的青年，预备往前进，然而骗他的有，堕落的有，甚而反来攻击他的也有，结果还是剩下他自己。他哪里有世故呢？他实在太不世故了。

我们一想，应该觉得很自然，鲁迅，我说过，是情绪的，内倾的，因此，他不会世故。

（五）

鲁迅在情感方面，是远胜理智的。他的过度发挥其情感的结果，令人不禁想到他的为人在某一方面颇有病态。

以一个创作家论，病态不能算坏。而且在一种更广泛、更深切的意义上，一切的创作家，都是病态的。你看，别人感不到的，他感到；别人不以为大事件的，他以为大事件；别人以为平常，他却以为不平常；别人以为不值一笑，他却以为大可痛哭……这不是病态是什么？但正因为他病态，所以他才比普通人感到的锐利，爆发的也才浓烈，于是给通常人在实生活里以一种警醒、鼓舞、推动和鞭策。这是一般的诗人的真价值，而鲁迅正是的。

他因为锐感之故，他联想的特别快，例如他在说校印《苦闷的象征》时的事吧，他说到书的开首喜欢留一点空白，但是他想到外国学术文艺书中的闲谈或笑话了，他想到中国的译者往往删除，像折花者之不留枝叶，单取花朵，失却花的活气了，他又想到“器具之轻薄草率，建筑之偷工减料，办事之敷衍一时，不要好看，不想持久”（《华盖集》，页八）了，所以扫射式的讽刺，已成了他的杂感的风格，因小见大的本领，是成了他的深刻的讽刺之根源了。

他常常是到了“深文周纳”的地步，因为他想的太过了。他每每有这种话：

> ——但这也许是后来的回忆的感觉，那时其实是还没有如此分明的。（《三闲集》，页三一）

所以，他往往由于情感之故，而加添上些什么去了，这也就是通常人所以为的“刻毒”。

因为陷在情感里，他的生活的重心是内倾的，是偏向于自我的，于是他不能没有一种寂寞的哀愁。这种哀愁是太习见于他的作品中了；因为真切，所以这往往是他的作品在艺术上最成功的一点，也是在读者方面最获得同情的一点。

也因为陷在情感里吧，他容易把事情看得坏，这形成他一种似乎忧郁和迫害的心情：

> 这上面的夜的天空，奇怪而高，我生平没有见过这样的奇怪而高的天空。他仿佛要离开人间而去，使人们仰面不再看见。但现在却非常之蓝，闪闪地睞着几十个星星的眼，冷眼。（《野草》，页一）

我一再说过，这恐怕是他早年情感上受了损伤的结果，然而一个人因为常常触动他的情感，也更容易陷于一个圈子中，而不能自拔起来。

但在鲁迅动用理智的时候，却就很意识到自己这一层，他说：

> ……我的作品，太黑暗了，因为我常觉得“惟黑暗与虚无”乃是“实有”，却偏要向这些作绝望的抗战，所以很多着偏激的声音。（《两地书》，页一一）

他又说：

> 我所说的话，常与所想的不同，至于何以如此，则我已在《呐喊》的序上说过：不愿将自己的思想，传染给别人。何以不愿，则因为我的思想太黑暗，而自己终不能确知是否正确之故。（《两地书》，页五六）

别人的反抗，在他认为那是对于未来的光明还有信赖之故，但他的反抗，“却不过是与黑暗捣乱”。在这种地方，我认为见出鲁迅的病态。

鲁迅像一般的小资产阶级一样，情感一方面极容易兴奋，然而一方面却又极容易沮丧。他非常脆弱，心情也常起伏：

> 我才知道在金钱下的人们是这样的，我决意要走了……至于到那里去，一时也难定，总之无论如何，年假中我必到广州走一遭，即使无啖饭处，厦门也决不住下去的了。
>
> 又我近来忽然对于做教员发生厌恶，于学生也不愿意亲近起来，接见这里的学生时，自己觉得很不热心，不诚

恳。（《两地书》，页一六一）

这种忽喜忽厌的态度也不是健康的。

鲁迅又多疑。他在纪念柔石的文章里说：

他说的并不是空话，真也在从新学起来了，其时他曾经带了一个朋友来访我，那就是冯铿女士。谈了一些天，我对于她终于很隔膜，我疑心她有点罗曼谛克，急于事功；我又疑心柔石的近来要做大部的小说，是发源于她的主张的。但我又疑心我自己，也许是柔石的先前的斩钉截铁的回答，正中了我那其实是偷懒的主张的伤疤，所以不自觉地迁怒到她身上去了。（《南腔北调集》，页七八）

太锐感就很容易变到多疑上去。这种多疑的性格，鲁迅也曾表现在诗里：

很多的梦，趁黄昏起哄。

前梦才挤却大前梦时，后梦又赶走了前梦。

去的前梦黑如墨，在的后梦墨一般黑；去的在的仿佛都说，“看我真好颜色。”

而且不知道，说话的是谁？（《集外集》，页一九）

要知道“说话的是谁”么？我是知道的，就是鲁迅内心。“颜色许好”，是表面，真正如何，鲁迅便在怀疑着。这恰恰是《两地书》上鲁迅所说的：“我的习性不大好，每不肯相信表面上的事情”（页二五）的注脚。鲁迅自己也知道是“太易于猜疑”（《集外集》，页四二）了。

果戈理《死魂灵》（1949年文化生活出版社14版）

他的锐感，他的深文周纳，他的寂寞的悲哀，他的忧郁和把事情看得过于坏，以及他的脆弱，多疑，在在都见他情感上是有些过了，所以我认为这都是病态的。

（六）

鲁迅虽然多疑，然而他的心肠是好的，他是一个再良善也没有的人。于《集外集》里，收有他一篇记杨树达君的袭来，他起初以为来的学生是假装的，种种恶相和怪样，曾使他厌憎，他便刻薄地加以挖苦了。然而后来他知道那是真的了，他便说："却又觉得这牺牲实在太大，还不如假装的好"（页四一）了，并且他说："很觉得惨然"，还有："由我造出来的酸酒，当然应该由我自己来喝干"（页四二），就见他其实是多么慈祥的。

我以为孙福熙在《我所见于〈示众〉者》一文里说的鲁迅便最与我所认为的相符。他说：

> 大家看起来，或者连鲁迅他自己，都觉得他的文章中有凶狠的态度，然而，知道他的生平的人中，谁能举出他的凶狠的行为呢？他实在极其和平的，想实行人道主义而

不得，因此守己愈严是有的，怎肯待人凶狠呢？虽然高声叫喊要也作一声不响的捉鼠的猫，而他自己终于是被捉而吱吱的叫的老鼠。（载一九二五年五月《京报》副刊）

我觉得这话再对也没有了，和平，人道主义，这才是鲁迅更内在的一方面。

他的为人极真，在文字中表现的尤觉诚实无伪。他常说他不一定把真话告诉给读者，又说所想到的与所说出的也不能尽同，然而我敢说他并没隐藏了什么。容或就一时一地而论，他的话只是表露了一半，但就他整个的作品看，我认为他是赤裸裸的，与读者相见以诚的。鲁迅的虚伪，充其量不过如人们传说的“此地无银五三两”式的虚伪，在鲁迅的作品里，不惟他已暴露了血与肉，连灵魂，我也以为没有掩饰。

他是左翼，就承认是左翼，他说：“我现在是左翼作家联盟中之一人”（《南腔北调集》，页四六）。他以个人主义为出发点，他就不否认他的出发点是个人主义，他说他的译书是：“从别国里窃得火来，本意却在炙自己的肉的，以为倘能味道好，庶几在咬嚼者那一方面也得到较多的好处，我也不枉费了身躯：出发点全是个人主义，并且还夹杂着小市民性的奢华，以及慢慢地摸出解剖刀来，反而刺进解剖者的心脏里去的报复”（《二心集》，页三〇）。

他对于事情也极其负责，他在厦门，已经不愿做下去了，将要离去，他便缩小工作，而希望“在短时日中，可以有点小成绩”，为的是“不算来骗别人的钱”（《两地书》，页九五）。

与人的相处，他更其不苟，他看见一个人“嘴里都是油滑话”，又背后语人“谁怎样不好”，“就看不起他了”（《两地书》，页九五），他多么不容易放过，他有一颗多么单纯而质实的心。

他自己则是勤奋的，在厦门吧，他便说：“我其实是毫不懈怠，一面发牢骚，一面编好《华盖集续编》，做完《旧事重提》，编好《争自由的波浪》（董秋芳译的小说），看完《卷葹》，都分头寄出去了”（《两地书》，页一六八）。他在《三闲集》的后面说：“在我自己的，是我确曾认真译著，并不如攻击我的人们所说的取巧，投机”（页二〇八），我认为这话是十分可以信赖的。

他在情感上病态是病态了，人格上全然无缺的。

（七）

以抱有一颗荒凉而枯燥的灵魂的鲁迅，不善于实生活，又常陷在病态的情绪中，然而他毅然能够活下去者，不是件奇异的事么?

这就是在他有一种“人得要生活”的单纯的生物学的信念故。鲁迅是没有什么深邃的哲学思想的，倘若说他有一点根本信念的话，则正是在这里。

鲁迅像一个动物一样，他有一种维持其生命的本能。他的反抗，以不侵害生命的为限，到了这个限度，他就运用其本能的适应环境之方了：一是麻痹，二是忘却（《而已集》，页六八）。也就是林语堂所说的蛰伏或装死。这完全像一个动物。

鲁迅劝人的：“须是有不平而不悲观，常抗战而自卫”（《两地书》，页一二）。可说鲁迅自己是首先实行着的。

他既然锐感，当然苦痛是多的，这样就有碍于生存之道了，但是他也有法子，便是：“傲慢”和“玩世不恭”（《两地书》，页六），用以抵挡了眼前的刺戟。

（八）

鲁迅小资产阶级的根性很厉害。大凡生活上内倾的，很容易走入个人主义。鲁迅在许多机会都标明他的个人主义的立场。他说："还是切己的琐事，比世界的哀愁关心"（《三闲集》，页一七），又说："老实说，这地方在革命，不相识的人们在革命，我是的确有点高兴的，然而——没有法子，索性老实说吧，——如果我的身边革起命来，或者我所熟识的人去革命，我就没有这么高兴听，有人说我应该革命，我自然不敢不以为然，但如叫我静静地坐下，调给我一杯罐头牛奶喝，我往往更感激。"（《三闲集》，页二六）

自然，鲁迅是诚实无伪的，他乃是一个诚实无伪的小资产阶级的知识分子。画室在《革命与知识阶级》（一九二八）一文里，分析知识阶级在革命中是两型，一是毅然投入新的，二是既承受新的，又反顾旧的，同时又在怀疑自己，——感受性比较锐敏，尊重自己的内心生活也比别人深些，而鲁迅乃是后一型。画室更形容这一型的人说："他们多是极真实的，敏感的人，批评的工夫多于主张的，所以在这时候，他们是消极的，充满颓废的气氛"。至于对这种人的态度，则画室以为：“但革命是不会受其障害的，革命与其无益地击死他们，实不如让他们尽量地在艺术上表现他们内心生活的冲突痛苦，在历史上留一个过渡时的两种思想的交接的艺术的痕迹。”大体上我觉得画室的话是对的。不过，在事实上，鲁迅后来颇变革了自己不少，而且我从来想不到颓废和鲁迅有什么关连；在评价上，我更不认为鲁迅那种小资产阶级性没有价

妙伦《小彼得》（1929年春潮书局初版）

值，倒是正因为他那样，才作了这一时代里的战士，完成了这一时代里的使命，——这二点算是我和画室的意见不同的所在。

鲁迅除了在个人主义的立场上，表现其为小资产阶级的根性外，再就是我说过的鲁迅的“脆弱”，以及一种空洞的偏颇和不驯伏了。倘若文字的表现方式，是在一种极其内在的关系上代表一个人的根性时，则鲁迅有两种惯常的句型，似乎正代表鲁迅精神上的姿态。一是：“但也没有竟”怎么样，二是：“由他去吧”。阿Q为报仇起见，很想立刻放下辫子来了，“但也没有竟放”（《呐喊》，页一七四）；鲁迅因为不赞成以生而失母为不幸，想写文章了，“但也没有竟写”（《伪自由书》前记，页三），这是前者的例。他从顾颉刚的“暂勿离粤，以俟开审”，想到飞天虎寄亚妙信之“提防剑仔”了，然而马上觉得这拉扯牵连的近乎刻薄了，然而他下面又说：“——但是，由它去吧”（《三闲集》，页四一）了；他说自己颇有一种矛盾的心理，就是他常评人文章，劝人冒险，但遇到相识的人，则有所不能，他说终于无法改良，奈何不得，也就依然是“——姑且由他去罢”（《两地书》，页一一）了，这是后者的例。

因为他“脆弱”，所以他自己常常想到如此，而竟没有如此，便“但也没有竟”如何如何了，又因为自己如此，也特别注意到别人如此，所以这样的句子就多起来。“由他去吧”，是不管的意思，在里面有一种自纵自是的意味，偏颇和不驯，是显然的。这都代表小资产阶级的知识分子的一种型。

（九）

倘若哭和怒同是富有情感表现的话，哭的情感是女性的，怒的情感却是男性的。鲁迅的情感则是属于后者的。

鲁迅善怒。为《语丝》的事情，伏园以为和《晨报》的敌对而得着胜利了，于是说：“他们竟不料踏在炸药上了”，但鲁迅却就“耿耿了好几天”，为的是炸药是指他而言，“意外的被利用了”（《三闲集》，页一八五）。《文学》上傅东华说他招待伯纳萧，说他和梅兰芳同座，说他却没去招待休士，他又怒了，于是说：

> 给我以诬蔑和侮辱，是平常的事；我也并不为奇：惯了。但那是小报，有敌人……而《文学》是挂着冠冕堂皇的招牌的……莫非缺一个势力卑劣的老人，也在文学戏台上跳舞一下，以给观众开心，且催呕吐么？……

我看伍实先生其实是化名，他一定也是名流，就是招待休士，非名流也未必能够入座。不过他如果和上海的所谓文坛上的那些狐鼠有别，则当施行人身攻击之际，似乎应该略负一点责任，宣布出和他本身相关联的姓名，给我看看真实的嘴脸。这无关政局，决无危险，况且我们原曾相识，见面时倒是装作十分客气的也说不定的。（《南腔北调集》，页一五三）

后来终于由文学社把傅东华的真名供出来。我常觉得能够坚持与否，就是伟大和渺小的分野。一个敢怒，一个得赔不是，究竟鲁迅的怒是伟大些的。

鲁迅脾气之坏，也是无可讳言的，他自己也说因为节制吸烟，而给人大碰钉子，回想起来也觉得不安（《两地书》，页一八一）。

（十）

鲁迅在灵魂的深处，尽管粗疏、枯燥、荒凉、黑暗、脆弱、多疑、善怒，然而这一切无碍于他是一个永久的诗人，和一个时代的战士。

契诃夫等《坏孩子》（1936年联华书局初版）

在文艺上，无疑他没有理论家那样丰富正确的学识，也没有理论家那样分析组织的习性，但他在创作上，却有惊人的超越的天才。他说："怎样写的问题，我是一向未曾想到的"（《三闲集》，页一四），这也恰恰是创作家的态度。

单以文字的技巧论，在十七年来（一九一八年——

一九三五年）的新文学的历史中，实在找不出第二个可以与之比肩的人。天才和常人的分别，是在天才为突进的。像歌德一创造《少年维特》就好似的，鲁迅之第一个短篇《狂人日记》已经蒙上了难以磨灭的颜色。在《阿Q正传》里那种热烈的同情，和从容、幽默的笔调，敢说它已保证了倘若十七年来的文学作品都次第被将来的时代所淘汰的话，则这部东西即非永存，也必是最后，最顽强，最能够抵抗淘汰的一个。美好的东西是要克服一切的，时间一长，自有一种真是非。

鲁迅文艺创作之出，意义是大而且多的，从此白话文的表现能力，得到一种信赖；从此反封建的奋战，得到一种号召；从此新文学史上开始有了真正的创作，从此中国小说的变迁上开始有了真正的短篇；章回体，《聊斋》体的结构是过去了，才子佳人，黑幕大观，仙侠鬼怪的内容是结束了，那种写实的，以代表了近来农村崩溃，都市中生活之苦的写照，是有了端倪了；而且，那种真正的是中国地方色彩的忠实反映，真正的是中国语言文字的巧为运用，加之以人类所不容易推却的寂寞的哀感，以及对于弱者与被损伤者的热烈的抚慰和同情，还有对于伪善者愚妄者甚至人类共同缺陷的讽笑和攻击，这都在显示着是中国新文学的作品加入世界的国际的作品之林里的第一步了。

（十一）

鲁迅在理智上，不像在情感上一样，却是健康的。所谓健康的，就是一种长大发扬的，开拓的，前进的意味。在这里，我不妨说明健康和道德的分别。健康是指个人，或整个的人类在生存上有利的而言，反之则为病态的。道德不然，是撇开这种现实的、功利的立场，而争一个永久的真理。因此病态不一定不道德，健康也不一定道德。屈原可说是道德的，然而同时是病态的，歌德在理智上，在情感上可说都是健康的，也都是道德的。鲁迅则在情感上为病态的，我已说过无碍于他的人格的全然无缺了，在理智上却是健康的，就道德的意义上说，我依然觉得道德。

鲁迅永远对受压迫者同情，永远与强暴者抗战。他为女人辩（《准风月谈》，页九四），他为弱者辩（《准风月谈》，页七，页一五七，页一五六）。他反抗群愚，他反抗奴性。他攻击国民性，只有一个目标，就是卑怯，这是从《热风》（页一一五），《呐喊》（页四，页八，页一一），《华盖集》（页二二）以至《准风月谈》（页四六，页七〇），所一贯的靠了他的韧性所奋战着的。为什么他反对卑怯呢？就因为卑怯是反生存的，这代表着他的健康的思想的中心。

在正面，他对前进者总是宽容的。他在自己，是不悔少作（《集外集》，序言页一；《坟》，页二九七；《而已集》页五八）；对别人，是劝人不怕幼稚（《热风》，页三三；《三闲集》，页九；《鲁迅在广东》，页八九）。战斗和前进，是他所永远礼赞着的。

他之反对“导师”之流，就是因为那股人“自以为有正路，有捷径，而其实却是劝人不走的人”（《集外集》，页六八），我觉得鲁迅在思想方面的真价值却即在劝人“走”。

他给人的是鼓励，是勇气，是不妥协的反抗的韧性，所以我认为他是健康的。

（十二）

然而鲁迅不是思想家。因为他是没有深邃的哲学脑筋，他所盘桓于心目中的，并没有幽远的问题。他似乎没有那样的趣味，以及那样的能力。

倘若以专门的学究气的思想论，他根底上，是一个虚无主义者，他常说不能确知道对不对，对于正路如何走，他也有些渺茫。

他的思想是一偏的，他往往只迸发他当前所要攻击的一方面，所以没有建设。即如对于国故的见解，便可算是一个例。

他缺少一种组织的能力，这是他不能写长篇小说的第二个原故，因为长篇小说得有结构，同时也是他在思想上没有建立的原故，因为大的思想得有体系。系统的论文，是为他所难能的，方便的是杂感。

我们所要求于鲁迅的好像不是知识，从来没有人那么想，在鲁迅自己，也似乎憎恶那把人弄柔弱了的知识，在一种粗暴剽悍之中，他似乎不耐烦那些知识分子，却往往开开玩笑。

然而所有这一切，在鲁迅作一个战士上，都是毫无窒碍，而且方便着的。因为他不深邃，恰恰可以触着目前切急的问题；因为他虚无，恰恰可以发挥他那反抗性，而一无顾忌；因为一偏，他往往给时代思想以补充或纠正；因为无组织，对于匆忙的人士，普遍的读者，倒有一种简而易晓的效能。至于他憎恶知识，则可以不致落了文绉绉的老套，又被牵入旧圈子里去。

这样，他在战士方面，是成了一个国民性的监督人，青年人的益友，新文化运动的保护者了，这是我们每一思念及我们的时代，所不能忘却的！

（十三）

因鲁迅在情感上的病态，使青年人以为社会、文化、国家过于坏，这当然是坏的，然而使青年人锐敏，从而对社会、世事、人情，格外关切起来，这是他的贡献。

因为鲁迅在理智上的健康，使青年人能够反抗，能够前进，能够不妥协，这是好的。同时，一偏的，不深于思索的习惯之养成，却不能不说是坏的。

撇开功利不谈，诗人的鲁迅，是有他的永久价值的，战士的鲁迅，也有他的时代的价值！

二十四年八月十一日上午十二时

后记

（一）

时光真过得飞快，从《呐喊》刚刚出版，我听得一般人都议论着这作者鲁迅生疏的名字，那时我还是师范附属小学的小学生，看怕还看不懂，就如在目前的事，已经是十几年了。

之后，我入了中学，记得借过同学的《呐喊》，印象顶深的，是书的红封面，觉得可爱极了。看是看了的，不过也有一个不很好的印象，便是感到其中有一篇太长，为憎恶其“长”，便略而没看，因而对全书也冷淡起来，——这篇呢，自然就是后来百读不厌的《阿Q正传》了。

青年受鲁迅的影响实在深，我也是其中的一个。

我记得，有位姓郭的朋友，因为读鲁迅的文章，而感到社会的不满太多了，曾主张过要提倡“怒的文学”，终至于在一个期间作了精神病患者。还有位姓沈的朋友，性子是和平些的，但对社会也仿佛感慨甚深，一遇见事情，每每有他锐利的冷然的观察，这结果就使各处对他也不满起来了，他赚下的，乃是“苦闷”和“牢骚”。根源呢，是因为他常读鲁迅的杂感。这都是中学卒业前后的事，大家不过是十六七岁的孩子。苦闷、牢骚，甚而患精神病，委实不是好事情。但我总以为比无所用心，作木偶强。使只可以无所用心，作作木偶的中学生而苦闷，牢骚，患精神病，换一句话说，就是究竟有一点活气，这也便是鲁迅的好处。正因为这，那些不愿意中学生有一点活气的人，就憎恶鲁迅，而且觉得可怕了。说真的，真正卫护了新文化的命脉，时常对旧势力开一开火，青年还并不悉数作了驯羊者，正是鲁迅那泼辣、剽悍、战斗的笔所使然。

事情往往过后才知道，受一个人的影响越深，异时往往越发不觉得。我知道有许多意见，以为是自己观感所得的，但一往过去的生活上追溯下去，尤其是精神方面的教养，则其根源都历历可考。我受影响顶大的，古人是孟轲，我爱他浓烈的情感，高亢爽朗的精神，欧洲人是歌德，我羡慕他丰盛的生命力；现代人便是鲁迅了，我敬的，是他的对人对事之不妥协。不知不觉，就把他们的意见，变作了自己的意见了。例如我总感觉到中国的儿童，是被泡制成歪曲的小“大人”，尤其是当“文库”“丛书”盛行的时候；我总感觉到中国的女子，是始终没争到奴隶以上的地位；我总感觉到大学中的教授诸公，是有点装腔作势，大都荒谬；对古书，总以为其中不少毒素，所以一般人还是不涉足的好；对社会，总以为人们的精力是浪费于人情的周旋和运用，所以只有停滞、退步，而没有大大的改革；人的目的是生；现在的急需是科学……这些一触即发的观感，其实便是鲁迅的观感，经过化装或者不经过化装，而呈现于我们日常的生活的。

不但思想，就是文字，有时也有意无意间有着鲁迅的影子。

恐怕不仅是我，凡是养育于“五四”以来新文化教育中的青年，大都如此的吧。——我们受到鲁迅的惠赐实在太多了。

（二）

因为这，我常冲动着提笔，要写对于他的批评。

但是开头是零碎的，而且常常并不是纯粹的批评。这限制一则是机会，二则是能力。恐怕后者更其重要些。

在一九二九年一月廿五日，我写过一篇散文《猫》，其中有关于鲁迅的话，是：

近来多了一层毛病。晚上不喜欢早睡。

当时已经十二点钟了，无意地又抽过鲁迅的《热风》来。我底朋友向勉从前告诉我的，人要止住笑时，那妙法是用牙咬住舌头。这时我因为祖父及小弟弟都睡得浓了，单怕笑出声来，便采用了向勉的法子。

当我读到那些最热烈的最有趣的一针见血的句子时，笑虽然止住了，却赚得肚子好痛。

“鲁迅”这两字，我一见了，我便觉得是滚圆的活跃的血似的长虫所盘拢的躯体，也就仿佛热沸的温泉所奔流着的路径。

中国的社会，不错，有了曙光了，但是积厚沉阴的暗霾，那是需要雷和闪的，——纵然是隐隐然的小雷，萤火似的微弱的电花。

我并不悲观，也不咒骂，我只觉得背上所负的重了起来，青年们，干吧，彻底吧！

这是我第一次写着关于鲁迅的文章。我住的地方是济南，文章是发表于迁在泰安的省政府所办的《山东民报》上。省政府为什么不在济南呢？因为那时济南是被日军占领了。这点亡国之痛的感觉，不想竟是早早尝到了的。济南自从张宗昌去后，人才有自由看白话文的书，写白话文的文章，但大家似乎肢体拘久了，刚放开，都不知如何伸展，从前接触过的白话文，都似乎不知如何着笔。这时帮助我恢复了表现的能力的，便是鲁迅的作品，而开头是这里提到的《热风》。我开始又写白话文字，也就是起自这篇散文《猫》。当时用的署名是尝之。

同年二月十四日，我写过一篇《读〈鲁迅在广东〉》，因为很短，也抄录在下方：

> 鲁迅之冲锋陷阵的战绩，对于宗法社会对封建思想的搏肉，也可以说赫赫然大白于天下矣。
>
> 无论粗浅的，细微的，热烈的，和平的，对于鲁迅也算都有一番认识了。
>
> 幼稚的我，也有一番幼稚的景慕。
>
> 我很惭愧，从前不曾仔细读他底作品，现在我要决意努力一下。
>
> 他看到广东的社会与从前没有什么差异，这是多么令他不痛快的事。
>
> 同样地他又说广州青年的精神的表现太少了；不过我们正好因此知道文艺的价值。

“有声的发声，有力的出力”，这是我们底责任。“不怕幼稚，不怕挨骂”，这是我们必须有的勇气。

“四十年”长久的时间，那是相当的忍耐和毅力。

我们底责任很大，恐怕不是便宜的、敷衍的行动所可解决的。

旧社会的骨子，“还没有人向他们开火”，粗黑的胡须的老头儿焦急了！

这是我第二篇写的关于鲁迅的文章，虽然全文是在谈鲁迅，却远不能算是批评，不过就我自己说，却在证明了那时对于鲁迅的向往和理解的。发表的地方，是北平的《华北日报》副刊。这回很老实，用了本来的名字长植。此后却差不多一律用长之了。

我运用白话文字的能力一恢复，颇写了不少东西。但没有多久，我决意从事自然科学了，文学方面的书渐渐读得少起来，有意见也很少发表。一九三〇年的前后，算是又搁笔。也写过东西，乃是《怎样研究数学》，《火山和地震》，《从陈桢普通生物学说到中国一般的科学课本》……完全不是文学的内容了。

一九三一年的夏天，用成语说，便是“技痒”，把自然科学又忽略了，重又归到文学的阵地来，于是又写着关于鲁迅的文章。于六月廿一日写了一篇《十年后刮目相看的阿Q》，其实是隔了两天又写了的一万五千字的《〈阿Q正传〉之新评价》的初稿而已。后者发表在第一卷六期的《再生》上，原先是投给《北平晨报》的，但被编辑移入了《再生》，因此倒有些人以为我和张君劢、张东荪诸公有些干系了，因此而急进的评论家就把我攻击迷信辩证法者食之而不化的罪过更加扩大起来，居然再进一步，我便成了"资产阶级的代言人"了，真是开头所意料不及的。但我也不去辩解，因为我相信不盲从的读者还是看作品的，神经过敏过后是发懒。

一九三二年九月廿九日，作《评〈三闲集〉》，《评〈二心集〉》，都投在《北平晨报》，但关于《二心集》的一篇没能发表，原稿也无下落。

一九三三年五月四日，作《评〈两地书〉》，发表于《图书评论》第一卷第十二期。十月廿六日，作《评〈伪自由书〉》，发表于《大公报》文艺副刊。

在去年，天津的《庸报》和北平的《觉今日报》上，在一月之内，几乎天天有攻击我、诬蔑我的嗡嗡声中，就宣传我要写《鲁迅批判》了，在那些"剪影""塑像"的天才们，意思不过是一方面派我一种罪过，说我好名，预备和大人物打笔战，好“登龙”；另一方面则似乎是一种告密和挑拨，仿佛说：“鲁迅先生，这里有人要骂你了，你赶快骂他呵。”但我的《鲁迅批判》并没有着笔。这些天才，其实是只介绍了自己的嘴脸。

就我写过的这八篇文字论，在《读〈鲁迅在广东〉》中，我说明了鲁迅是青年的鞭策者，在《〈阿Q正传〉之新评价》中，我说明了鲁迅的贡献是抓住了中国国民的本质，在《评〈三闲集〉》中，我说明了鲁迅的技巧是属于抒情，在《评〈两地书〉》中，我说明了鲁迅之铸造于传统和环境中的个性，在《评〈伪自由书〉》中，我说明了不只鲁迅，所有杂感文的作者的贡献和得失，隐约间我示出思想家和战士之别……所有这一切，都是现在我写《鲁迅批判》的张本，但都不完全，每一点也没发挥尽致，所以就悉数弃之了。

（三）

照着我写文章的习惯，先写成序，在今年的三月十一日，我写了这《鲁迅批判》的序文。

我开始打算这文章如何写法了。在我最早的批评文字，是印象式的，杂感式的，即兴式的，我有点厌弃，此后的一期，是像政治、经济论文似的，也太枯燥。我总觉得批评的文章也得是文章，我的批评老舍的《离婚》（一九三三年十一月三日作，发表于《文学季刊》第一期），就是一个新的尝试。自从读了宏保耳特（Wilhelm Von Humboldt）的《论席勒及其精神进展之过程》（*über Schiller und den Gang seiner Geistesentwicklung*），提醒我对一个作家当抓住他的本质，并且须看出他的进展过程来了，于是写过一篇《茅盾创作之进展的考察及其批评》（一九三四年三月十五日草完），这就是现在这序里所谓的关于茅盾的文章，现在仍没有踪影，本文是四万五千字，但我却还有牺牲掉的二万字的初稿，为改正，我是不惜牺牲的，但改正好了的，别人再给牺牲，却有些不高兴。现在批评鲁迅，当然仍是承了批评茅盾的方法，注意本质和进展，力避政治、经济论文式的枯燥。

起了好几回头，其中之一而不忍扔掉的，便是发表在《国闻通报》上的《鲁迅文艺中表现之人生观》，这标题是后来加上的，起初只是统笼的全文的总冒而已。另起的头，是现在采用了，加上题目的：《鲁迅之思想性格与环境》，这一篇写于本年的四月。五月去旅行了，没有动笔。六月接着写《关于鲁迅作品之艺术方面的考察》，当时拟定了十二个

题目，便是

1. 鲁迅之思想性格与环境
2. 鲁迅作品之艺术的考察
3.《阿Q正传》之艺术价值的新估
4. 鲁迅作品中的抒情成分
5. 鲁迅在文艺创作中表现之人生观
6. 鲁迅在文艺创作上的失败之作
7.《热风》以前之鲁迅
8. 从《热风》到《准风月谈》：鲁迅在思想斗争上之进退观
9. 鲁迅杂感文之技巧与杂感文中之抒情
10. 鲁迅著译工作的总检讨
11. 鲁迅之生活及其精神进展上的几个阶段
12. 诗人和战士的鲁迅：鲁迅之本质及其批评

原先是不想定这些题目的，因为当时正主编天津《益世报》文学副刊，打算一次发表一段，有题目时，读者可以清晰些。分段也没有大道理，是看字数，总之凡五六千字上下就予之以题，算是一段，也有预料不过五六千字的，便也早定出题目。前者是行通了，后者却出了意外，往往五六千字不行了，得一万，得两万，占了副刊的全版，也还登不下，渐渐失掉了起初拟题的作用。

原打算在这十二篇文章中的，有几篇已经写就，第5篇，我说过，是不想用而又留恋着的稿子，根本与全文不连贯，它的次第是勉强的。第6，第7，可以顺着写。

要写第8的时候，我忽然觉得应当先整理鲁迅的生活了，于是先写了第11，这是七月的事情。因为写他的生活，就得统统看他的作品，于是第12的结论也冲动着要写了，果然一涌而出的写就了，这是八月的事情。不过关于鲁迅的思想，似乎已在这两篇里流露了，于是第8篇反而为是否着笔而踌躇起来。在踌躇中，我参考了国外的对于一个人的论评的成书，把全文的阵容又整如下方：

导言

鲁迅之生活及其精神进展上的几个阶段

在思想斗争上之鲁迅

鲁迅文艺创作之内容与审美观

鲁迅杂感文之技巧

鲁迅著译工作的总检讨

我觉得很合理想。《导言》就是上面的第一篇，《在思想斗争上之鲁迅》，是打算包括原来的7、8两篇，《鲁迅文艺创作之内容与审美观》乃是包括2、3、4、5、6，一共五篇，不过想把第5篇置在头里。反正我对于第5篇还在爱惜，对于第8篇总在踌躇。

《鲁迅杂感文之技巧》，是没有问题的，应当写，于是写成了，在九月。《鲁迅著译工作的总检讨》也觉得必需，于是先写，而且又分了七个小题目，是：

鲁迅翻译的文艺论

鲁迅翻译的科学的社会主义的艺术观

鲁迅翻译的剧本与小说

鲁迅翻译的散文随笔

鲁迅翻译的童话

鲁迅对旧籍之整理著作

鲁迅之杂著与杂译

其中之一、二、五、七各部分皆定稿，第六部分也成了一半，已经在三万字以上了。这是十月的事。

原来打算的六万字可以全稿完全结束者，由六万而八万，而十二万，看光景是非十五万字不可了。

到现在为止，原拟定的十二标题是只有一个空着，一个还差一小半了。

但我要停笔。因为我惦记着许多别的文章和书，好在重要的已经写出了。为完整，我删掉《鲁迅在文艺创作中表现之人生观》，它与整个文章不衔接，我删掉《〈热风〉以前之鲁迅》，它是与次篇相连，单独没有什么意义，我删掉《鲁迅著译工作的总检讨》，它不全，而且究竟是鲁迅的“身外之物”。这样就又变成七八万的光景，也就是现在的面目。以后有机会，我也许在增订本时，恢复本来所要完成的规模的吧。

（四）

在删掉的那些文字中，为读者参考方便起见，我把比较重要的意见，略记于此。

我本来已经说过鲁迅在作品中常常关心到生命的死亡了，例证却是在《鲁迅创作中表现之人生观》里举得尤其完全：

鲁迅的小说的结局差不多有一个共同点，这个共同点就是往往关于死。阿Q不用说了，是在“耳朵里嗡的一声”里，“团圆”了；《孔乙己》是“我到现在终于没有见——大约孔乙己的确死了”；《药》里瑜儿死了，虽然坟上凭空有了花圈，小栓吃了人血馒头，也终于死了；《明天》里单四嫂子的宝儿“也的确不能再见了”，结局竟是那么寂静而且凄厉，“只有那暗夜为想变成明天，却仍在这静寂里奔波；另有几条狗，也躲在暗地里呜呜地叫”；《白光》里县考失败的陈士诚，金子似乎没握到，也终于在万流湖里成了浮尸，“十个指甲满嵌着河底泥”，因为他曾在水底里挣命；《祝福》里祥林嫂先是阿毛被狼吃了，结局她在全鲁镇祝福的空气中，却也在奚落和辱笑里死掉了；《示众》当然是一个囚徒的被杀；《孤独者》里的魏连殳，也是“以送殓始，以送殓终”；《伤逝》里子君，不用说，又是“你那，什么呢，你的朋友呢，子君，你可知道，她死了”；就是在两篇只是散文的东西里，也依然是弱小生灵的夭亡，《兔和猫》，死的是小兔；《鸭的喜剧》，死的是小蝌蚪。——所有这一切不是偶然的，乃是代表着鲁迅一个思想的中心，在他几经转变中一个不变的所在，或者更可以说，是他自我发展中的背后的惟一的动力，这是什么呢？以我看就是他的生物学的人生观：人得要生存。

因为我觉得鲁迅的中心思想在此，所以本来打算从这里起头的。此外，在本文中我说《长明灯》所要表现的，就是《狂人日记》里所要表现的，时候虽然隔了七年。所以我的话有：

> 这里是改革者的迫害，和稚小者的可怜；七年前的狂人，现在还是被人称为疯子，受的待遇也还是幽囚，七年前所要救救的孩子，现在却还是没救得着。

我在那文的结论是："鲁迅的中心思想是生存，所以他为大多数的就死而焦灼。他的心太切了，他又很锐敏的看到和事实相去之远，他能不感到寂寞吗？在寂寞里一种不忘求生的呼求和叹息，这就是他的文艺制作。"

《〈热风〉以前之鲁迅》的一篇，要意在阐明鲁迅思想之雏形，以及他早年思想上受的渊源的所自。生物学、尼采、摆伦（按：即拜伦），是这时候他精神上的粮食。我说他这时是带一种浓重的浪漫色彩，因为他抑物质而崇精神，排社会而崇个人，天才。我顺路发表了我对于浪漫主义的向往和理解：

浪漫主义的特色是重在人的，重在情志的（也就是精神的），并且重在个性的。现在鲁迅一则说“其根柢在人”，再则说“非物质”，三则说“重个人”，所以我说他是带一种浓重的浪漫思想，推崇天才，不信任群愚，这也恰恰是浪漫思想下的见地。

在人们生活好的时候，思想、文艺是浪漫的，生活坏的时候，人们的思想、文艺，就表现为写实的。我们看，五四以后的文艺，无论创作或理论，大部分是写实的了。其中的鲁迅也没作了例外，缘故很简单，就因为中国所受的压迫渐渐地大起来，一般人的生活，是愈益陷于艰苦了，生存还不一定保得住，那里有理想？那里有情志的、精神的活动？那里有个性的尊重？那里有人的价值的肯定和提高？所以不容有浪漫思想。在一九〇七年，情势没有这么显，鲁迅个人，也在青年时代，所以有浪漫的倾向，倒是当然的。

人总是在生活好了的时候，所有的态度是健康的，对的，所以不能以为重人，重精神，重个性是错的，换言之，浪漫主义是正当的。譬如吃饭，在有了饭吃的人，当然要吃好饭，没有饭吃的人，却只好急不暇择，自然，我们不能责难那急不暇择者之不道德，然而，恐怕只有要“吃好饭”，这才是人类真正的味觉，人们的幸福，也只有在这点“求好”的理想上，才可以增进。因此，我是宁赞成浪漫主义的。即在我们以表现写实主义为必然现象的时代，对于浪漫主义的价值的认识，也是在所急需。

不过，养育于资本主义社会下的浪漫主义，并不是全然无缺的，倘若因为重在人的缘故，而弃置了对于大自然的利用，这无疑是堕落，倘若重在人的情志、精神的缘故，而忽略了理智的发展，这无疑是颓废；倘若因为重在个性的缘故，而只允许了一部分的人的自由，同时却把多数人的自由给剥夺，这无疑是横暴；所有这些，统统可说是弊端。鲁迅这时的思想，却是很容易走入这一途的。

殊不知重在人的价值，并不一定放弃了大自然，反而更应该善利用之；重在情志、精神，也并不一定不愿理智，反倒是更应该以理智为导引，把情志、精神发挥到效能更大的目标上去；重个性，尤其不应当把人类划分了尊卑，却是当认定那些才智没得到健全的发育的人们为不幸，而思予以方便，予以机会，而解放之，培养之，世界一定可以因此更光明起来。这种浪漫主义没有毛病！话说到鲁迅，他自己那时是未必知道蒙了浪漫主义的色彩的，所以也更不会分辨到这地步。

在《鲁迅著译工作的总检讨》中，我并不是拿出原文来对字句的，自然也有那样的专门的批评家；我也并不是讨论硬译软译的问题，因为我觉得这里没有问题，硬译有时是技术还没有纯熟时不得不然的一种小心，软译有时是偷懒的借口，恐怕没有人主张要译得不懂，正如没有人主张要译得错。所以我不管这些，我是看那翻译的原物，究竟有没有介绍的价值，以

《地底旅行》（1906 年上海普及书局版）

及那原物的缺陷和优长。这样，在鲁迅翻译的文艺论中，《苦闷的象征》究竟也还浮薄；在鲁迅翻译的科学的社会主义的艺术观中，以卢那卡尔斯基的《艺术论》为最有价值，散见于其他书中的卢氏的意见，也最精彩；在他译的小说中，内容技巧兼到的是《毁灭》；在他译的童话中，只有《表》是真正为了现代的儿童；在杂类书中，他译的《近代美术史潮论》，略有

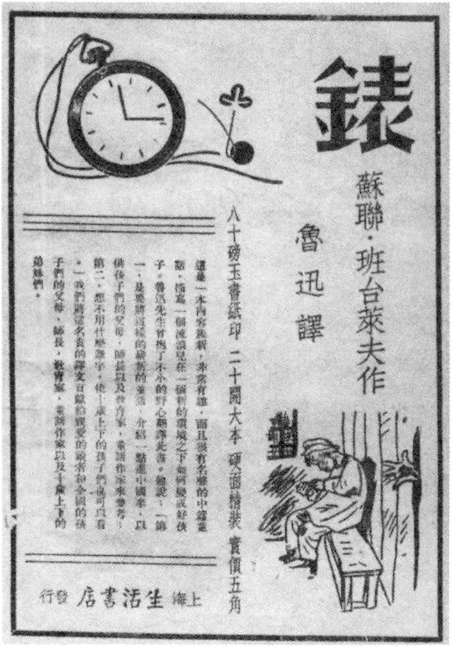

班台莱夫《表》出版广告（1935 年生活书店初版）

专家的见地，恐怕在同类书中，这是中文本最优胜的一种，自然，也还免不了肤浅和不周圆。至于鲁迅对于旧籍的著作，则见出他仍不脱旧学者的方法，但像那《中国小说史略》到现在竟还没有再强的著述。

删掉的四万多字的内容已如上述，为自己，为读者，算是多少放心了一件事。就是将来无机会重新组织起来，也没有什么遗憾吧。

（五）

我不能不感谢天津《益世报》，倘若不是编文学副刊，感到稿件之少，这篇东西怕还得迟些时日才能动笔。在这里我证实了文章是逼出来的一事之可靠。但报馆给的压迫也不是没有，因为神经过敏，常把原稿加以删改，因为触犯宗教，常在稿上批上“刺目”。还有无妄的限制，苏俄的字样得避讳，因为苏俄反对宗教，当然也反对天主教了，当然也反对天主教所设的《益世报》了，为“刺目”，或者为报复，苏俄的字样便最好是少见。不许称“上帝”，得称“主”，这就是即便不反对天主教，而称谓也得受一受统制。好在原文快要发表完了，我对于副刊也就歇手，更幸运的是二百多页的可爱的原稿都在，这次付印，就又照原样给添补出来了。至于是否再受限制，这也仍不能乐观。

在朋友方面，我感激的很多，他们有的给收罗书籍，甚至一九〇九年鲁迅兄弟印的《域外小说集》的第一册第一版也找到了；有的则是在着笔之先，我把意见告诉他们，求一个纠正，或者写完了，我炫然自诩地向他们说我写作的经过，当他们开颜而且加以慰劳的时候，我便在精神上觉得我那因为文章而牺牲了的吃饭和睡眠得到补偿了。我写到高兴的时候，觉得我的朋友也应当感到幸福，但到了百思而一字不得的时候，则呆坐，沮丧，而至于一天的整个生活失了主宰。这些快乐和苦闷，我的几个朋友也都和我共之，尤其是羡林和文华。一般的朋友，则都对我这回的批评有着兴味和热心。

每到星期三，是文学副刊出版的日子，我一到阅报室，就看到有不少人在伸着脖子，挤着看那从首至尾，往往万字以上的排一整版的长文了，我很惭愧和不安。有时候，我没有兴味专写下去了，常有随时罢笔之感，但当我一重读我写过的片断，我就又勇气百倍，像爬一个山头，小峰既过，大峰也坦然了的光景。

我很感谢鲁迅先生，他寄赠给最近的相片，又给了好几封信，使我对于所列的著作时日等有所补正。他不像一般人所以为的猜忌刻薄，从他的文章就可以看出，他反而是并不世故，忠厚而近于呆子的地步。人与人的相处，也不见得像一般人所想的那么必须怀了戒心，然而或者这就是“剪影”“塑像”者之流所失望的。

很奇怪，这篇批评的文章，是正在我常常失了理智的恋爱的旋涡中而动笔的，但我却只受了丽丽，我的朋友的抚爱，而没影响了我的理智工作。现在看，爱仿佛要是一个幻影了，还得剩下我自个，去作那寂寞的思索，然而在爱潮的挣扎中的文字，却留下了，这也算是和本文不相干的一个纪念。

临了，十分谢谢赵景深先生，由他此书得以在北新出版。本来想自己印的，因为没有钱，曾想先征求预约，广告已经出去了，幸亏是登的地方人家不注意，而且只一天，却被文华劝止了，他常是救了我诗人气息的荒唐。但是也竟被一位热心的堵述初先生看见了，寄钱来要预约两册，当时我真感动得要哭了，因为我常是觉得我的文章不会有人看的，看的只是朋友，为是熟人而已，日常纵然自信，但也还觉得诬蔑和鄙责倒是应当的。我未尝不觉得自己所写的不是随便的人也能写出来的，但能怎样呢，文章发表也受限制，出本书也没有人肯收印，惯常的还是文绉绉的绅士们的讥讽，愚妄者的压迫和玩笑。我的朋友羡林看了《花开时节》（The Blossom Da.s）的电影，便告诉我像舒伯尔特（Schubert）那不被社会承认的时候，音乐天好，动动这里的钢琴也遭禁止，动动那里的钢琴也遭呵责，要演奏，人也不许他演奏，朋友们要为他开一个演奏会了，但也竟不能成功，直到他一个成了名的朋友的演奏会临时不能出台了，他才有被邀了算是充数的资格。起初群众见他出来，都要退票，但慢慢却不让他走了，乃要求他演了再演。“只要被他们有机会承认就好了”，这是羡林安慰我的话。但是我能说什么呢？说不定我的书出来了，也还是大家要退票的时候吧。不过那位那么信赖我的读者（因为上回我要自印《长之文学论文集》时，他也来预约了，书到底出不来，钱也还没退回去，常想起来是歉疚的），我却太感激了，而且他是在定县平教会做事的，也常见有文章发表，可见并不是一个盲目者。现在北新既然要印这书了，那么我要等着看这次音乐会的揭晓。

廿四年十一月十七日长之记于北平清华园孤寂的小屋中

国家新闻出版广电总局
首届向全国推荐中华优秀传统文化普及图书

‖大家小书书目

经典常谈	朱自清　著
语言与文化	罗常培　著
习坎庸言校正	罗　庸　著　杜志勇　校注
鸭池十讲（增订本）	罗　庸　著　杜志勇　编订
古代汉语常识	王　力　著
国学概论新编	谭正璧　编著
文言尺牍入门	谭正璧　著
日用交谊尺牍	谭正璧　著
敦煌学概论	姜亮夫　著
训诂简论	陆宗达　著
金石丛话	施蛰存　著
常识	周有光　著　叶　芳　编
文言津逮	张中行　著
中国字典史略	刘叶秋　著

古典目录学浅说	来新夏　著
闲谈写对联	白化文　著
怎样使用标点符号（增订本）	苏培成　著

诗境浅说	俞陛云　著
唐五代词境浅说	俞陛云　著
北宋词境浅说	俞陛云　著
南宋词境浅说	俞陛云　著
人间词话新注	王国维　著　滕咸惠　校注
苏辛词说	顾　随　著　陈　均　校
诗论	朱光潜　著
唐诗杂论	闻一多　著
诗词格律概要	王　力　著
唐宋词欣赏	夏承焘　著
槐屋古诗说	俞平伯　著
词学十讲	龙榆生　著
词曲概论	龙榆生　著
中国古典诗歌讲稿	浦江清　著 浦汉明　彭书麟　整理

唐人绝句启蒙	李霁野　著
唐宋词启蒙	李霁野　著
古典文学略述	王季思　著　王兆凯　编
古典戏曲略说	王季思　著　王兆凯　编
唐宋词概说	吴世昌　著
宋词赏析	沈祖棻　著
道教徒的诗人李白及其痛苦	李长之　著
闲坐说诗经	金性尧　著
陶渊明批评	萧望卿　著
舒芜说诗	舒　芜　著
名篇词例选说	叶嘉莹　著
唐诗纵横谈	周勋初　著
楚辞讲座	汤炳正　著 汤序波　汤文瑞　整理
好诗不厌百回读	袁行霈　著
山水有清音——古代山水田园诗鉴要	葛晓音　著

门外文谈	鲁　迅　著
我的杂学	周作人　著　张丽华　编
论雅俗共赏	朱自清　著
文学概论讲义	老　舍　著
中国文学史导论	罗　庸　著　杜志勇　辑校
给少男少女	李霁野　著
鲁迅批判	李长之　著
英美现代诗谈	王佐良　著　董伯韬　编
三国谈心录	金性尧　著
夜阑话韩柳	金性尧　著
英语学习	李赋宁　著
漫谈西方文学	李赋宁　著
历代笔记概述	刘叶秋　著
笔祸史谈丛	黄　裳　著
古典诗文述略	吴小如　著
有琴一张	资中筠　著
鲁迅作品细读	钱理群　著
唐宋八大家 ——古代散文的典范	葛晓音　选译

红楼梦考证	胡　适　著
《水浒传》与中国社会	萨孟武　著
《西游记》与中国古代政治	萨孟武　著
《红楼梦》与中国旧家庭	萨孟武　著
《金瓶梅》人物	孟　超　著　张光宇　绘
水泊梁山英雄谱	孟　超　著　张光宇　绘
《红楼梦》探源	吴世昌　著
《西游记》漫话	林　庚　著
细说红楼	周绍良　著
红楼小讲	周汝昌　著　周伦玲　整理
曹雪芹的故事	周汝昌　著　周伦玲　整理
古典小说漫稿	吴小如　著
三生石上旧精魂 ——中国古代小说与宗教	白化文　著
《金瓶梅》十二讲	宁宗一　著
古体小说论要	程毅中　著
近体小说论要	程毅中　著
文学的阅读	洪子诚　著
中国戏曲	么书仪　著

中国史学入门	顾颉刚 著 何启君 整理
秦汉的方士与儒生	顾颉刚 著
三国史话	吕思勉 著
史学要论	李大钊 著
中国近代史	蒋廷黻 著
民族与古代中国史	傅斯年 著
五谷史话	万国鼎 著 徐定懿 编
民族文话	郑振铎 著
史料与史学	翦伯赞 著
唐代社会概略	黄现璠 著
清史简述	郑天挺 著
两汉社会生活概述	谢国桢 著
中国文化与中国的兵	雷海宗 著
两宋史纲	张荫麟 著
明史简述	吴 晗 著
北宋政治改革家王安石	邓广铭 著
从紫禁城到故宫——营建、艺术、史事	单士元 著
史学遗产六讲	白寿彝 著

司马迁之人格与风格	李长之　著
司马迁	季镇淮　著
唐王朝的崛起与兴盛	汪　篯　著
二千年间	胡　绳　著
论三国人物	方诗铭　著
考古发现与中西文化交流	宿　白　著
中国古代国家的历史特征	张传玺　著
艺术、神话与祭祀	张光直　著
	刘　静　乌鲁木加甫　译
中国古代衣食住行	许嘉璐　著
中国古代史学十讲	瞿林东　著

黄宾虹论画	黄宾虹　著
中国绘画史	陈师曾　著
和青年朋友谈书法	沈尹默　著
中国画法研究	吕凤子　著
桥梁史话	茅以升　著
中国戏剧史讲座	周贻白　著
俞平伯说昆曲	俞平伯　著　陈　均　编

新建筑与流派	童　寯	著		
论园	童　寯	著		
拙匠随笔	梁思成	著	林　洙	编
中国建筑艺术	梁思成	著	林　洙	编
沈从文讲文物	沈从文	著	王　风	编
中国画的艺术	徐悲鸿	著	马小起	编
中国绘画史纲	傅抱石	著		
中国舞蹈史话	常任侠	著		
海上丝路与文化交流	常任侠	著		
世界美术名作二十讲	傅　雷	著		
中国画论体系及其批评	李长之	著		
金石书画漫谈	启　功	著	赵仁珪	编
吞山怀谷——中国山水园林的艺术	汪菊渊	著		
中国古代音乐与舞蹈	阴法鲁	著	刘玉才	编
梓翁说园	陈从周	著		
旧戏新谈	黄　裳	著		
民间年画十五讲	王树村	著	姜彦文	编
民间美术与民俗	王树村	著	姜彦文	编

长城史话	罗哲文　著
中国古园林概说	罗哲文　著
现代建筑奠基人	罗小未　著
世界桥梁趣谈	唐寰澄　著
如何欣赏一座桥	唐寰澄　著
桥梁的故事	唐寰澄　著
园林的意境	周维权　著
万方安和	
——皇家园林的故事	周维权　著
现代建筑的故事	吴焕加　著
中国古代建筑概说	傅熹年　著

国学救亡讲演录	章太炎　著　蒙　木　编
简易哲学纲要	蔡元培　著
大学教育	蔡元培　著
	北大元培学院　编
老子、孔子、墨子及其学派	梁启超　著
中国政治思想史	吕思勉　著
天道与人文	竺可桢　著　施爱东　编

春秋战国思想史话	嵇文甫 著	
晚明思想史论	嵇文甫 著	
新人生论	冯友兰 著	
中国哲学与未来世界哲学	冯友兰 著	
谈美书简	朱光潜 著	
中国古代心理学思想	潘 菽 著	
民俗与迷信	江绍原 著	陈泳超 整理
佛教基本知识	周叔迦 著	
儒学述要	罗 庸 著	杜志勇 整理
希腊漫话	罗念生 著	
佛教常识答问	赵朴初 著	
大一统与儒家思想	杨向奎 著	
孔子的故事	李长之 著	
西洋哲学史	李长之 著	
乡土中国	费孝通 著	
社会调查自白	费孝通 著	
经学常谈	屈守元 著	
墨子与墨家	任继愈 著	
汉化佛教与佛寺	白化文 著	
中西之交	陈乐民 著	

出版说明

“大家小书”多是一代大家的经典著作，在还属于手抄的著述年代里，每个字都是经过作者精琢细磨之后所拣选的。为尊重作者写作习惯和遣词风格、尊重语言文字自身发展流变的规律，为读者提供一个可靠的版本，“大家小书”对于已经经典化的作品不进行现代汉语的规范化处理。

提请读者特别注意。

北京出版社